品牌多元化管理：借势营销视角

王良燕　著

本书的研究工作获得国家自然科学基金重点国际合作项目
（72110107001）及面上项目（71772120）资助

科学出版社

北　京

内 容 简 介

本书从借势营销这一典型的品牌策略出发，研究品牌多元化管理的理论发展和实践方式。本书从消费者行为的角度入手，构建了借势营销的研究框架，通过系统科学的研究丰富了借势营销的内涵，探究了借势营销对消费者行为的影响及其作用机制，为该领域的理论体系提供支撑。同时，本书提供了品牌多元化管理的实践启示，基于理论构建的成熟性与方法探究的可行性，为企业管理者提供品牌多元化管理新思路，为企业战略规划提供方向引导，使品牌有效发挥价值、规避风险。

本书适合大众消费者、管理学学者与企业品牌管理者参考阅读。

图书在版编目（CIP）数据

品牌多元化管理：借势营销视角 / 王良燕著. —北京：科学出版社，2024.1
ISBN 978-7-03-074239-1

Ⅰ.①品…　Ⅱ.①王…　Ⅲ.①品牌－企业管理　Ⅳ.①F273.2

中国版本图书馆 CIP 数据核字（2022）第 237910 号

责任编辑：魏如萍 / 责任校对：贾娜娜
责任印制：赵　博 / 封面设计：有道设计

科 学 出 版 社 出版
北京东黄城根北街 16 号
邮政编码：100717
http://www.sciencep.com
三河市春园印刷有限公司印刷
科学出版社发行　各地新华书店经销
*
2024 年 1 月第 一 版　开本：720×1000　1/16
2025 年 1 月第二次印刷　印张：8 1/2
字数：172 000
定价：108.00 元
（如有印装质量问题，我社负责调换）

前　　言

在新的时代背景下，弘扬中国企业和产品的品牌建设与管理将被赋予崭新的使命。加快品牌建设，发挥品牌引领作用，是建立强大而有韧性的国民经济循环体系、加快构建新发展格局的现实路径。畅通国内国际双循环，既离不开供给侧技术与产业的创新，也离不开需求端的消费升级。品牌作为连接两端的"支点"，发挥着杠杆撬动作用。一方面，企业逐渐意识到品牌资产的重要性，通过技术创新方法，打造具有品牌价值的核心产品，并开始采用各种新型营销方式，力图实现品牌的有效传播；另一方面，消费者逐步回归理性并步入成熟阶段，注重发掘品牌的内涵和实际价值，并开始以产品知识为手段，对品牌提供的信息进行有效甄别。因而，消费者在对品牌评价的过程中拥有自己的思考和判断。

应该看到，企业在经营管理和品牌战略实施过程中也暴露出了一些问题。随着消费者的消费心理日益成熟，企业对于品牌管理的方式若把握不恰当，则可能产生相反的效果，减损品牌形象。鉴于品牌多元化管理的复杂性，企业在面对一些可能具有争议的产品策略及营销策略时，如何才能有效避免潜在的风险，发挥有利价值，实现品牌的良性发展，成为企业管理者和科研工作者亟待解决的关键问题。

本书意图从借势营销这一典型的品牌策略出发，研究品牌多元化管理的理论、方法与应用。本书从消费者行为的角度入手，通过系统科学的研究对当前领域研究的理论体系加以补充，为品牌的多元化管理提供理论依据，为企业管理者在产品开发、营销策略方面提供方法论，为企业品牌战略规划提供借鉴。本书构建了系统科学的借势营销研究框架。本书解释并阐明了借势营销的意义与内涵，丰富了突发危机事件管理理论的内涵和外延，并将消费者行为领域的变量和概念运用到借势营销中，拓展了品牌管理的研究范围，将借势营销这一热点现象理论化、科学化。

同时，本书探索了品牌多元化管理的实践启示。本书为企业如何应用好借势营销这把"双刃剑"提供了建议和启示，帮助企业制定品牌营销策略、响应热点事件，从而实现品牌价值的传递与提升。

品牌建设是一项系统工程，需要统筹谋划，久久为功，扎实推进。在构建创新型国家的新时代背景下，国家大力宣传的品牌建设已成为驱动消费结构升级、推动国家经济转型的重要引擎，中国自主品牌走出国门，享誉世界的愿景在逐步推进；此外，中国致力于鼓励创新文化蓬勃发展，以促进产业优化升级和经济结构调整，全面提升产业水平和国际竞争力。企业正确应用品牌多元化管理战略，国家积极宣扬符合社会公序良俗的企业价值观，政府做好企业应对品牌管理实战风险的事前引导、事中评估和事后监管。中国要建设成为品牌大国和品牌强国，任重道远，需要凝心聚力、持之以恒，扎实做好品牌建设工作，让"中国质量"享誉全球，让"中国品牌"闪耀世界。

本书是研究团队多年积累的成果。我十分有幸与一个具有奉献精神的研究团队一起努力探索，不断前行。研究团队成员为本书提出了诸多独到见解，并为相关章节提供了研究支持，其中：王良燕负责总体思路设计和把握，负责第1、2、7章的内容，张思雨和张莹瑜负责第3章至第5章的内容，林奕狄负责第6章的研究工作。感谢参与相关基金项目研究工作的研究人员。

由于水平有限，书中难免存在不足，敬请同行专家批评和指正。

王良燕

2022 年 8 月

目　　录

第1章 绪 论

1.1 研究背景及意义

1.1.1 品牌多元化管理

随着经济全球化日益显著、我国市场经济快速发展，品牌的建立成为企业差异化战略的主要内容；随着科技互联网的进步，品牌的营销与传播也获得了丰厚的土壤与载体，品牌渗入社会生活的方方面面。对企业而言，面对日渐激烈的市场化竞争，打造核心品牌、维护品牌形象，体现差异化优势，方能在新一轮经济发展背景下保持核心竞争力。习近平总书记曾指出，要"推动中国制造向中国创造转变、中国速度向中国质量转变、中国产品向中国品牌转变"[①]，对中国品牌建设提出了殷切期许，可以说，品牌建设在完善国家创新体系、提升文化软实力的进程中发挥着重要作用。

品牌是商品价值或服务价值的综合表现（罗子明，2001），品牌资产则是品牌所产生的市场效益，是品牌赋予产品的附加价值（Farquhar，1989）。研究表明，较高的品牌资产对消费者的品牌态度、购买意愿、支付金额和忠诚度具有显著正向影响（Aaker，1992），面对竞争的反应时间和空间也更大。产品内容是品牌资产形成的基础，营销与传播活动则是品牌资产提升的保障。逐渐意识到品牌资产重要性的企业管理者，也开始在各种理论方法的指导下，以消费者为导向，构造核心产品，采用多种营销方式，力图实现品牌的有效传播。

目前消费者已逐渐步入成熟阶段，消费者不再是品牌所传递信息的被动受众，而是以产品知识为武装，对品牌提供的信息提出挑战，在对品牌评价的过程中拥有自己的思考和分析。企业若违背品牌内核过度开发产品、不适当地进行品牌延伸，则可能带来品牌稀释风险（Bellezza and Keinan，2014）；若过度依赖营销手段，

---

① 邱超奕，韩鑫. 为高质量发展贡献品牌力量（中国品牌 中国故事）. 人民日报，2021-11-30（第 11 版）.

千方百计地通过营销手段来树立品牌知名度、关注短期利益，则会有过度营销、滥用营销的问题。总而言之，若对于品牌管理的方式把握不恰当，则可能产生相反的效果，减损品牌形象，现实中负面事例的屡次发生也说明了这一点。

那么，企业在多元化的品牌管理实践中，是否就该因噎废食？面对一些可能存在争议的产品策略、营销策略，是否唯恐避之不及？对于多元化的品牌策略，它们可能存在风险、产生品牌危机；但如果运用得当，也可以剑走偏锋、取得意想不到的效果，问题的关键在于如何有效避免潜在的风险，发挥有利价值。

本书意图从借势营销这一典型的品牌策略出发，一窥品牌多元化管理的实践方式。本书从消费者行为的角度入手，通过系统科学的研究对当前领域研究的理论体系加以补充，为该领域的管理与实践提供方法指导，从而在更高角度上，为品牌的多元化管理提供理论依据，为企业管理者在产品开发、营销策略方面提供方法论，为企业战略规划提供思路引导。

1.1.2　借势营销

借势营销，是指品牌或企业利用热点事件的流量，构造事件与品牌的相关性，隐藏营销目的，实现品牌的传播和宣传。借势营销是近年来饱受争议的营销手段，是品牌多元化管理的一个重要参考维度。

一些品牌选择借助热点事件高密度的曝光来宣传自身品牌，将事件的热度转化为品牌的流量，从而强化品牌理念、宣传品牌特性或开展促销活动。通过借势营销，能够提高品牌的知名度和曝光率。然而，因品牌传播方式不当而招致消费者负面评价的案例也不胜枚举。对于品牌借势营销获得的曝光和流量，与借势营销可能导致的风险，不同的品牌需进行不同的博弈与考量。

本书重点关注在突发事件下的品牌借势营销。突发事件常常突然发生、难以预测，因此会在一定程度上引发人们的恐惧感与不安全感，产生对结构化的渴求、对品牌真实性延续的期望，从而使消费者对不恰当的借势营销行为的动机产生怀疑，进而降低对品牌的评价和购买意愿，这为企业的品牌发展与管理敲响了警钟。

面对借势营销可能带来的不同结果，品牌是该因此故步自封，还是该视情况而定，是企业亟须关注并解决的问题。借势营销对品牌具有怎样的影响？什么传播策略可以消除潜在的消极影响？本书将应用消费者行为理论，从效应和策略两个维度，通过实验探究科学地回答上述问题。

1.1.3 对消费者行为研究的理论意义

本书立足消费者行为理论研究，应用并创新了相关理论，在借势营销领域具有一定的理论意义。

借势营销是近几年企业营销管理实践中的热点话题，但相关理论不足、实证研究少，尤其是在突发事件这一特定情境下的借势营销，尚未形成系统的、科学的研究体系。本书的理论贡献主要体现在以下几点。

第一，将借势营销这一热点现象理论化、科学化，解释并阐明了借势营销的意义与内涵，回答了品牌是否应该借势营销、应在何时借势营销等效应方面的问题，以及如何借势延伸、如何进行品牌沟通等策略方面的问题，结合解释机理的探讨，使研究更具系统性和科学性。

第二，丰富了突发危机事件管理理论的内涵和外延。运用归因理论、恐惧管理理论、解释水平理论等消费者行为理论，重点关注突发事件改变消费者心理架构这一重要因素，全面系统地对品牌借突发事件传播策略的效果进行评估及深入探讨。

第三，将消费者行为领域的变量和概念（死亡凸显、物质主义、品牌知名度、心理距离、结构化渴求、品牌真实性等）运用到借势营销这一情境中，构建了创新的理论模型，并对相应测量量表进行了应用及改编，拓展了相关概念的应用场景，丰富了品牌管理的研究范围。

1.1.4 对企业管理的实践意义

本书立足于品牌的多元化管理，通过文献分析、实验探究得出的相关结论，可作为企业在品牌管理实践中的重要参考依据，为企业战略规划提供思路引导。对于有争议的品牌策略，无论是产品开发还是营销传播，企业需结合自身实际开展。

具体而言，本书在突发事件情境下企业借势营销的效应和策略等管理实践方面进行了有益探索，为企业如何应用好这把"双刃剑"提供了建议和启示，从而帮助品牌制定品牌营销策略、响应热点事件，实现品牌价值的传递与提升。具体而言，奢侈品、知名品牌借势营销对于品牌的减损较大，尤其是对于物质主义消费者。突发事件后的品牌延伸，低契合度的延伸行为更容易被心理距离较远的消费者包容。品牌在面临突发危机时，高知名品牌采用人类口吻对负面事件借势营销能够获得更高品牌态度，低知名品牌采用公司口吻对负面事件借势营销能够获得更高品牌态度。

1.1.5 对政策措施的借鉴意义

党的十九大以来，在构建创新型国家的新时代背景下，国家大力宣传的品牌建设已成为驱动消费结构升级、推动国家经济转型的重要引擎，中国自主品牌走出国门、享誉世界的愿景在一步一步实现；此外，中国致力于鼓励创新文化蓬勃发展，以促进产业优化升级和经济结构调整，全面提升产业水平和国际竞争力。企业正确应用品牌多元化管理战略，国家积极宣扬符合社会公序良俗的企业价值观，政府做好企业应对品牌管理实战风险的事前引导、事后监管，多方协作，方有正面积极的企业运转与市场管理。本书聚焦品牌多元化管理，从借势营销角度，为国家与政府的引导和监管提供政策支持。具体体现在以下两个方面。

第一，本书对国家品牌建设政策的落实具有积极的借鉴意义。伴随着突发事件频发、社交媒体传播迅速等新情况、新挑战，政府部门应着力监管突发事件后的品牌传播，鼓励企业开展适当的品牌延伸、激励企业积极进行消费者沟通，从而构造良好品牌形象，推进国民经济健康有序发展。

第二，本书对国民思想道德和文化建设有一定参考价值。国家和政府应在全社会引领积极向上的精神风貌，引导消费者树立正确的消费观念，抵制恶意吸引眼球等不良营销行为；呼吁企业积极承担社会责任，树立大局意识。

1.2　研究目标及内容

1.2.1　品牌多元化管理的研究目标

在当今信息量过载、生活节奏加快的背景下，各种产品、营销战略层出不穷，品牌战略纷繁多样，而现实生活中频有企业运用不当，品牌多元化管理既是机遇，又是挑战，这就对品牌管理者提出了更高的要求。本书希望从借势营销的角度，应用消费者行为相关理论，采用文献研究法、实验分析法，为品牌管理提供实践建议。

具体而言，本书主要完成三个方面的研究目标。

（1）借势营销理论机制的总结。界定突发事件与借势营销概念，通过案例收集，对现象进行深入剖析；通过文献梳理，关注与借势营销相关的消费者行为领域理论，在理论的高度阐释借势营销的作用机制。

（2）借势营销效应影响的探索。运用定量的实验研究，研究奢侈品牌和普通品牌在突发事件情境下的借势营销结果有何异同，并从品牌知名度、消费者物质主义等维度探究差异，回答品牌是否应该借势营销、在何种情况下借势营销的问题，并分析其解释机理。

（3）借势营销方法策略的拓展。针对品牌应如何利用突发事件进行营销的问题，通过定量研究，从品牌借势延伸和品牌沟通两个维度，为品牌制定营销策略、响应热点事件提供理论建议，为企业提供积极可行的管理启示。

1.2.2 品牌多元化管理的研究内容

根据上述研究目标，本书主要从借势营销角度展开研究与分析，共计 7 章。具体每个章节的研究内容如下。

（1）第 1 章：绪论。介绍本书立足的现实背景，在品牌建设对企业和国家都愈发重要的基础上，挖掘近年来存在的品牌管理失序问题，并在此基础上阐述本书的理论意义、实践意义和政策意义。接着引出本书的研究目标，并对每一章节包含的研究内容进行简单梳理，最后列出本书的整体结构框架和技术路线。

（2）第 2 章：品牌借势营销概述。该章主要对突发事件和借势营销的内涵进行界定，梳理借势营销的类别，明确研究边界，并通过案例收集对现象进行深入剖析。

（3）第 3 章：品牌借势营销的消费者行为理论。该章主要梳理与借势营销相关的消费者行为理论，如恐惧管理理论、归因理论、劝说知识理论和解释水平理论，分析借势营销影响消费者心理架构的相关因素，在理论的高度阐释借势营销的作用机制。

（4）第 4 章：品牌借势营销的影响。该章从借势营销效应的角度，以奢侈品牌和普通品牌借势营销的差异为切入口，通过实验研究分析品牌是否应该借势营销。结果表明，尽管品牌借突发事件时机"顺水推舟"投放宣传广告可能会增加产品的销量，但对奢侈品牌而言，人们认为它具有更高的品牌资产，也应当承担更大的企业社会责任，人们会认为奢侈品牌非常不应该借助突发事件进行传播，因而借突发事件营销的奢侈品牌可能会遭到消费者的不满与抵制。同时，品牌自身的知名度以及消费者内在的物质主义程度会对以上效应起到调节作用。

（5）第 5 章：品牌借势延伸策略。该章从借势营销策略的角度，关注突发事件后品牌借势延伸这一策略，主要通过实验进行探究。结果表明，突发事件会对人们的思维方式造成影响，此时人们的控制感降低，会有一种结构化的渴求，希望事情可以按照既定的规矩发展。当语义概念上的死亡凸显被激发时，心理距离远（vs 近）的消费者，会增加寻求多样化选择行为，对低契合度品牌延伸的包容性更高。此外，消费者的风险偏好也会在人们心理距离对品牌态度的影响中起到调节作用。

（6）第6章：借势营销中的品牌沟通策略。该章从借势营销策略的角度，关注突发事件后品牌应对危机的品牌沟通策略，主要通过实验进行探究。结果表明，不同负面事件类型品牌应采取的沟通策略不同。在产品伤害危机（负面竞争性事件）背景下，高知名度的品牌可以更好地应对产品伤害危机的负面溢出，此时采用人类口吻能够增强与消费者之间的联结与亲密感。在突发灾害（负面非竞争性事件）背景下，若消费者使用的是享乐型社交媒体平台，不论品牌采用公司口吻还是人类口吻都对消费者对广告的劝说接纳程度没有明显影响；若消费者使用的是实用型社交媒体平台，采用人类口吻与消费者沟通能够提升消费者品牌态度。

（7）第7章：研究成果与展望。该章为全书的最后一章，总结和分析了主要的研究成果，并阐述了研究的理论贡献与管理启示；最后，对本书各项研究的不足之处进行了剖析，提出了研究过程存在的局限性，对未来的研究方向和完善方法进行了构想。

1.3   研究方法与结构体系

本书主要采取以下三种研究方法。

（1）案例分析法。回顾借势营销的典型案例，从正面和负面的品牌管理结果中寻找矛盾点和关键要素，从而提出研究的目的和意义，为后续研究提供立足点。

（2）文献研究法。分析突发事件、借势营销领域中的已有研究，通过理论梳理，根据文献结合实际情境提出本书的模型假设。在实证方面，梳理相关情境中前人所使用的潜在调节变量及中介变量，明确变量内涵、应用场景、操纵或测量方法，为后续实验分析法提供基础。

（3）实验分析法。在文献梳理的基础上，在借势营销部分运用实验分析法，以探究变量间的因果关系、潜在的交互效应，以及效应的内在机理。实验分析法主要以问卷为载体，采用利克特量表法，根据观测变量设计问卷，抽取不同社会群体，对其发放问卷，广泛而系统地搜集大量原始数据，运用方差分析法对数据进行分析。

本书的结构体系如图1-1所示。

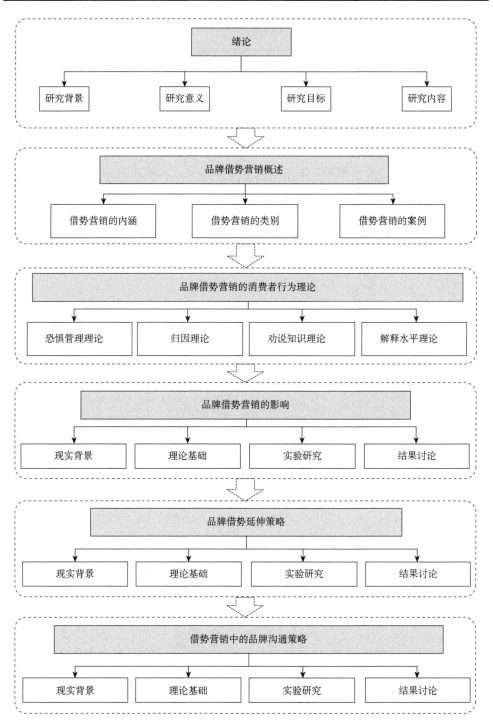

图 1-1 本书的结构体系

1.4 本 章 小 结

本章着重论述了本书的研究背景，在品牌资产对企业绩效发挥决定性作用，而企业品牌管理屡现风波的背景下，以借势营销为切入点，提出了本书的研究问题——在品牌多元化管理的视角下，有效发挥价值、避免风险。本章分别从理论贡献和实践意义的角度阐释了本书研究的重要意义。本章还强调了研究的目标，以及基于目标的内容，介绍了主要研究方法，搭建了整体研究思路。

第 2 章　品牌借势营销概述

2.1　借势营销的内涵

借势营销是一种隐匿在热点背后的营销方式，通常以经济效益或社会效益为目的，借助热点事件本身或事件主体的影响力，扩大传播范围，来宣传自身品牌，达到增加销量和营造良好品牌形象的目的（张梦，2015）。很多企业企图通过借势的做法，利用新闻效应、广告效应等，传播企业产品，提高企业知名度，提升企业形象，改善客户关系，潜移默化地引导市场上的消费行为。

在当下互联网经济时代，信息传播速度较之前有了飞速发展，为企业借势营销打开了加速器，一旦"有料"的新闻出现，其他企业或品牌与之相关的宣传便会在极短时间之内铺天盖地，借势营销仿佛成为一种流行做法。企业之所以选择这种营销方式，原因正是在于"现象级"事件越来越多，以及"流量"成为线上生存法则（苏落，2015）。

本书将重点关注品牌借突发事件营销。突发事件是指突然发生，造成或者可能造成严重社会危害，需要采取应急处置措施予以应对的自然灾害、事故灾难、公共卫生事件和社会安全事件。突发事件发生后，由于其危害性强、影响范围广，对社会、企业和消费者有着一系列冲击和影响，尤其是可能影响消费者的心理架构，改变消费者对企业的态度和行为。例如，突发事件容易引发消费者共鸣，进而激发其对相关信息的关注，特别是当突发事件与消费者的自我相关程度较高时，消费者对突发事件的反应会更加强烈（Wong and Bagozzi，2005），这是因为消费者会对与自己的目标或信念高度相关的信息给予更多的注意力（Cacioppo and Petty，1984），而注意力的增加将使人们对变化与异同更加敏感（Ronald et al.，2006）。因此突发事件发生后，消费者可能会提升对品牌打折或包装升级等营销活动的关注（Huang et al.，2018）。但同时，突发事件会在一定程度上引发人们的恐惧感与不安全感，从而导致消费者对品牌的创新和越界行为更为排斥。

借势营销若能使用得当，可以对企业产生诸多有利影响，如有效控制营销成本。很多企业花重金营销，自行造势，但传播效果并不显著，若借重大事件"蹭热点"营销，则不仅控制了营销宣传成本，更有利于企业在短时间内获得大量曝光和话题，吸引用户关注。此外，借势营销还更能契合用户心理，借助热点更有利于引发消费者共鸣。

但借势营销是一种讲求战术的策略，不能只关注炒作形成的短期即时效应，而应当借助热点事件或人物，整合企业资源，才能够实现企业知名度和产品销量的双丰收（谭小芳，2012）。在借势营销的时候应注意时效性、关联性、与热点事件的一致性和稳定性等，同时应当关注营销活动对企业形象的长期影响，否则可能弄巧成拙，不能获得理想的营销效果（刘倩倩，2016）。

借势的基础在于对事件本身有清晰准确的认知，即企业不应该只关注被热议事件的热度，还要了解事件所引发的社会公众诉求以及事件背后透露出的群众价值导向。例如，重大灾情过后，人们的诉求与关注点在于救灾进展、伤亡情况，表现了人文主义关怀，但很多企业却意识不到群众的诉求，而只是借助热度来营销自己的品牌（刘国强和张朋辉，2016）。

品牌营销实际上是一个长期传递品牌价值的过程（胡郑丽，2015），因而借势营销也是一种传播品牌价值的行为，故不能以牺牲品牌形象为代价来博取受众关注。企业对借势营销这一策略也应当辩证看待，既应认识到品牌的焦点植入效应带来的巨大曝光，也要意识到不当的借势营销会损害品牌形象，带来不可估量的巨大损失（刘国强和张朋辉，2016）。借势营销作为一种新颖的营销手段，也要和传统品牌营销一样关注社会效应，沉淀社会价值，向公众输出富有正能量的品牌形象，为品牌获取知名度的同时也兼顾美誉度，助力品牌长期经营。

2.2　借势营销的类别

借势营销的本质是品牌通过借用消费者关注的内容来宣传和营销品牌，因此，消费者关注内容的多样化决定了借势营销的多样性。借势营销的类型丰富，我们可以从被借势的主体类型出发，对借势营销进行简单分类。

按照被借势的事件性质，借势营销可以被分成正面事件借势营销与负面事件借势营销。正面事件借势营销在社交媒体的日常运营中较为常见，不仅可以利用重大节日、纪念日增进品牌在社交媒体上与消费者的日常互动，还可以借用人们对重大活动（如高考、奥运会等）的关注来吸引人们对品牌社交媒体账号的关注。也可以利用负面事件来借势营销，负面事件可以来自某个企业内部（如产品伤害危机），也可以来自企业外部环境（如海啸、地震、疫情等突发事件）。

品牌的负面事件借势营销在社交媒体运营中出现的频率较正面事件低，这是由于消费者对负面事件更为敏感，甚至某些负面事件会牵涉一些消费者的自身利益，故品牌方在负面事件借势营销上更为谨慎小心。品牌若是没能把握好负面事件借势的分寸导致借势营销失败，轻则被小部分消费者在部分社交媒体上攻击，重则可能要面临危机发酵到全网曝光，广大网友群起攻之的糟糕局面，所谓"引火烧身"。

借势营销还可以按照品牌与被借势的主体有无竞争关系进行分类，分为有竞争关系的借势营销与无竞争关系的借势营销。社交媒体帮助品牌打破品类与行业的限制，让品牌跨界借势更加方便。例如，某科技公司新品发布会历来受世人瞩目，其在新浪微博上的单个话题累计就有几十亿次的阅读量。因此，在品牌发布会后的各类品牌借势营销也成了每年新品发布会后的"必备节目"。借势该品牌发布会新闻进行营销的品牌，不仅有与该品牌有直接竞争关系的品牌，还有与该品牌没有直接竞争关系的品牌。

被借势主体往往具有多种特征，因此，品牌与被借势的主体的竞争关系这一分类维度与被借势事件的性质这一分类维度是存在交互的，因此可以依据这两个维度将借势营销分成四类，见图 2-1。例如，A 品牌手机借势 B 品牌手机发布会，是正面事件且含有竞争关系的借势营销；某汽车品牌借势某手机品牌发布会，借势高考，是正面事件且不含竞争关系的借势营销。借势竞争对手的产品伤害危机便是典型的负面事件且含有竞争关系的借势营销；借势自然灾害等突发事件便是典型的负面事件且不含竞争关系的借势营销。

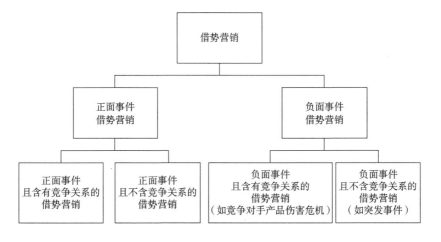

图 2-1　借势营销的类别

综上所述，在现实中，对于正面事件借势营销而言，借势失败的结果可能是借势营销没有在人群中引起热烈反响，品牌无法利用借势来获取事件相关的流量，消费者对品牌的态度没有明显的变化。但是，负面事件的借势营销往往会带来更大的曝光量，但也承受着比正面事件的借势营销更惨重的失败代价：品牌可能损失长时间费心经营所得的品牌口碑与品牌忠诚度，将面临未来随时可能被消费者再度提起、指责等"引火烧身"的尴尬局面。

因此，负面事件借势营销更需要品牌投入更多关注，也需要更多的理论指导，故本书后续章节将主要聚焦于负面事件借势营销的研究，希望为企业提供有效的理论支持和建议。

2.3　借势营销的案例

如上文所述，借势营销需要辩证看待，运用得当的借势营销可以增加品牌曝光度，提升品牌知名度；反之，运用不当的借势营销则会对企业形象造成极大损害，产生影响长远的严重后果。借势营销中，负面事件借势营销难度更大、潜在收益更高，因而企业需要投入更多精力，也需要更多的理论指导。突发事件借势营销作为负面事件借势营销的典型，具有剖析和研究的意义，故本节所陈列的案例均为突发事件借势营销案例。

因为突发事件的迅速暴发、难以预测、情况复杂、危害性与破坏性极强等特点，往往会引发媒体争相报道，在短时间内聚集社会公众目光，具有广泛的社会影响力。因而，品牌借突发事件营销的案例比比皆是，有些品牌凭借着巨大的曝光度获得了品牌知名度，然而因品牌传播方式不当而招致消费者负面评价的案例也不胜枚举，为企业的品牌发展与管理敲响了警钟。此类借势营销行为近年来广泛出现在国内外，遍布各个行业，以下简单列举部分典型案例。

案例1：成功的借势营销——某运动品牌在郑州暴雨后捐款

2021年7月，河南省郑州市连续遭遇暴雨袭击，对基础设施、经济财产、人民生命造成巨大危害。"一方有难，八方支援"，众多企业紧急响应，此时某运动品牌公司宣布捐款5 000万元用于灾区救援。此举发生后，网友发现其营收并不乐观，2021年第一季度净利润亏损超过6 000万元，2020年更是亏空2.2亿元。作为曾经风靡、如今却负债累累的企业，在同胞有困难时捐献5 000万元，体现出企业的公益心与爱国情怀，表现了民营企业心系灾区、勇担社会责任。

捐款实则也是借势营销的方式之一，此举让该品牌在网络上获得巨大声誉，引发了消费者共鸣，网友们纷纷在网络平台转发有关新闻的推文支持该品牌，而后超过 200 万的网友冲入其开办的淘宝直播间，3 日内全平台销售总额超过 2 亿元，打造了"郑州暴雨浇活国货之光"的营销佳话。

案例 2：失败的借势营销——某服装品牌借"桑迪"（Sandy）飓风营销

2012 年 10 月 29 日，超强飓风"桑迪"登陆美国，狂风暴雨席卷而来，很多人被困家中，出行不便；也有很多人在灾难中无家可归。美国本土某服装品牌于飓风肆虐时在 Twitter 上写道："为了让您不在飓风期间感到无聊，接下来的 36 小时网上商城所有商品 8 折优惠，只需在结账时输入 SANDYSALE 即可。"网友纷纷表示这种发国难财的行为太过恶劣，他们在网络上毫不留情地愤怒指责："到处都是需要帮助的人，别在这儿做你的促销了。"该服装品牌借势营销的行为引发了消费者联合抵制的风波。此事登上了商业内幕网站（Business Insider）最失败营销的榜单。

人人都喜欢打折，价格促销本身并没有错，但借灾难性突发事件之势来营销却会引发问题。该服装品牌还在宣传海报中将优惠促销的州用红色标注了出来，而那些地区恰恰是飓风肆虐的重灾区，因此这醒目的红色更刺痛了人们敏锐的神经，这种"漠视他人生命，毫无善意可言"的营销行为被认为没有丝毫诚意、糟糕至极，对企业形象造成了非常恶劣的影响。

可见，在突发事件背景下，企业所采取的借势营销方式不同会带来截然不同的效果。因此，对不同种类借势营销的研究具有一定现实意义，能够为企业何时采取何种营销行为提供借鉴和参考。

2.4　本　章　小　结

本章主要阐释了突发事件与品牌借势营销的概念内涵，探讨了借势营销的分类方法，并列举了突发事件借势营销这种典型的负面事件借势营销方式的有关案例，从实践角度论述了这一营销方式的研究意义。

通过本章的讨论，我们可以看出，相比于正面事件借势营销，负面事件借势营销是一把双刃剑，这种营销方式往往能给企业和品牌带来更大的曝光量和话题度，增加品牌的知名度，但若选择方式不当则会引发消费者的愤怒和抵触情绪，造成群起而攻之的局面，损害甚至玷污品牌形象，伴随着惨重的代价。因此，负面事件借势营销更需要品牌投入更多精力去策划和设计，选择适合的方法才能引发消费者共鸣；此类营销也需要更多的理论帮助和指导。

第3章 品牌借势营销的消费者行为理论

3.1 恐惧管理理论

3.1.1 理论概述

恐惧管理理论（terror management theory，TMT）由 Greenberg 等学者于 1986 年提出，而后被广泛应用到各个领域。该理论的核心观点认为，人类所有行为均出于对死亡的恐惧和对生命永存的本能追求。为了缓解这种对"终有一死"的恐惧，人们创立了文化世界观等，来寻求心理寄托和慰藉；让害怕死亡的人们更多感知他们活着时候的价值，让他们意识到自己是这个世界中真实存在的一员，提升其存在感和自我价值感，使其更看重生命的意义而不是长度，从而达到超脱生命长度的永恒（Greenberg et al.，1986）。

如上文所述，突发事件包括自然灾害、事故灾难等，常常会造成严重社会危害、人员伤亡、财产损失，威胁人们的生命安全，伴随着大量与"死亡"有关的信息，不可避免地让人们感受到生命无常与外部环境的不可控，产生对死亡的恐惧。学者们大多以恐惧管理理论（Greenberg et al.，1986；Arndt et al.，2004；Hart et al.，2005）中的基本假设作为内在机理，来解释消费者在突发事件背景下产生焦虑和恐惧的现象，以及人们在死亡意识下的种种消费行为。

死亡凸显效应（mortality salience effect）是恐惧管理理论中的一个核心假设。该假设认为，当人们受到死亡威胁时，会在潜意识里产生对死亡的恐慌和焦虑，表现为控制感降低，思维结构变狭窄，倾向于回避新鲜事物和不熟悉的选择，渴望保持原来的稳定状态等。因此，为了减轻或消除焦虑感，人们需要对死亡焦虑进行心理防御。从社会角度看，社会群体通过建立宗教、文化和信仰体系，来构建价值观、世界观，更多强调生命的意义，试图到达超脱"生命长度"的不朽和永恒。从个体角度上看，自尊便成为衡量自我价值的基准，个体的自我价值与文化世界观的匹配程度越高，个体越容易感受到自我价值的实现与生命的意义。综上，当人类意识到"生命必有终"而产生死亡焦虑、畏惧死亡时，一般会通过强化文化世界观和提升自尊两种防御方式来进行自我防御，以期实现对生命永恒的追求（Greenberg et al., 1986; Hart et al., 2005; Ferraro et al., 2005）。

3.1.2　影响消费者心理架构的机制

在强化自身文化世界观和提升自尊这两种心理防御机制作用下，消费者会做出不同类型的消费决策（Mandel and Smeesters，2008）。在"生命必有终"的念头下，选择世界观防御的消费者会增强物质拥有观（Kasser and Sheldon，2000；翁智刚等，2011），即他们将物质作为人生重心，将财物获取作为重要的人生目标和追求，在突发事件唤起其死亡焦虑后，他们会选择以物质追求来作为实现人生价值的方式，以增加消费的行为增强其物质拥有观，从而降低死亡焦虑感；此外，突发事件下，媒体的新闻报道更易煽动消费者的焦虑、恐慌等负面情绪，这种媒体效应会增加消费者爱国主义情怀，从而使他们更加偏好国产品牌和产品（Liu and Smeesters，2010）。相对地，选择自尊防御观的消费者在突发事件引发死亡焦虑的情境下，更偏好享乐品和奢侈品的消费，会增加炫耀性消费行为（Arndt et al., 2004），以此作为其增强自尊的具体方式，降低自身对死亡的焦虑感。例如，有数据显示美国"9·11"恐怖袭击后的 10~12 月消费额明显增长。

恐惧管理理论下，死亡焦虑感会在很多方面影响消费者的决策和选择。当消费者意识到自己不可能永久生存时，他们也可能会以强化自身文化世界观和提升自尊之外的第三种方法即逃避自我意识，来降低死亡焦虑感，他们会购买并消费更多食物，将自己的注意力集中在吃喝所产生的直接感觉上，从而避免存在主义思想和死亡感知（Mandel and Smeesters，2008）；消费者在突发事件下更易做出物质主义行为，产生不安全感，进而会对未来的薪水、房产、投资等资产有更高期望值，同时会增加对享乐品的消费，如选择旅行、购买娱乐设施等消费方式；他们也会有更强烈的欲望，更可能为了在短期内拥有更多财富和物质而牺牲自己的长远利益，来弥补自己当下的不安全感（Kasser and Sheldon，2000）。

还有研究表明物质主义者在死亡凸显的时候会增强自我-品牌联结和品牌忠诚度，这是由于物质主义者在人际关系方面较难形成很强的人际依恋，与他人的关系会相对疏离（Kasser et al., 1995），而亲密关系可以减缓死亡焦虑感（Mikulincer et al., 2003），所以物质主义者将与品牌的联结作为人际亲密关系的替代来减缓死亡焦虑，缓解自己在死亡凸显下的负面情绪，会表现出对品牌更加忠诚的行为（Rindfleisch et al.，2009）。

概括来说，恐惧管理理论是关于人类动机和行为的理论。该理论认为，人们都会对死亡和生命终结感到恐惧。以降低这种恐惧为初衷，人们会产生强化自身文化世界观、提升自尊、逃避自我意识等思想观念，进而会表现出相应的消费行为，如增加享乐消费行为、倾向于拥有短期内的财富等，从而减少自身的死亡焦虑感。越来越多研究证明，这一理论在较大范围内具有普遍适用性。

3.2 归因理论

3.2.1 理论概述

Heider（1958）指出，人们为了适应和控制环境，常对周围发生的社会行为做出有意或无意的解释，从而推论出这些行为背后的原因。原因主要包括两方面：内因（internal causes），如人的个性、态度和情感；外因（external causes），如环境、压力和运气。该理论被称为归因理论（attribution theory）。

归因理论由 Heider 于 1958 年在其关于人际知觉的研究中提出后，被不断完善。Jones 和 Davis 于 1965 年在归因理论的基础上提出了对应推论理论，包括非共同结果、选择自由、社会期望三个因素，后续又被 Kelley（1971）的三度归因理论继续完善。Weiner（1988）将 Heider 的归因理论和 Atkinson（1964）的成就动机理论结合起来，发展了新的归因理论，在内在和外在的维度上，添加了暂时的和稳定的另一维度。

3.2.2 企业社会责任归因

对企业而言，企业社会责任归因是指个体对企业践行社会责任背后的动机进行主观的推理和解释，因而消费者感知到企业的动机大致也分为这两种：出于改善社会的内因，或出于提升企业形象、品牌形象的外因。不同的研究者使用了不同的术语来描述这两种动机，如利他性（altruistic）和利己性（egoistic）（Bendapudi et al.，1996），公共服务性（public-serving）和企业服务性（firm-serving）（Forehand and Grier，2003），社会驱动性（socially-driven）和利益驱动性（profit-driven）（Becker-Olsen et al.，2006）等。

关于企业践行社会责任的归因分类，Swanson（1995）给出了三种动机分类法，包括经济动机、积极责任动机和消极责任动机。Mohr 等（2001）则将企业践行社会责任的行为归因分为：主要从企业自身利益出发，部分为了社会和环境利益；主要从社会和环境利益出发，部分为了企业自身利益；完全为了社会和环境利益。调查结果表明，有三分之一的受访者认为企业社会责任行为全部出于利己动机，而只有很少一部分人认为完全出于利他动机。

关于消费者归因的过程，Kelley（1971）指出，消费者通过协变原则（covariation principle）和折扣原则（discounting principle）来对企业社会责任归因。其中，协变原则是指人们利用一致性、一贯性和区别性，对同一情境下企业表现出的共同反应、不同情境下企业表现出的不同行为和其他企业在同一情境下的一致行为这三种信息的协变进行归因。折扣原则是指如果出现似是而非的因果关系，人们会对已做出的解释进行调整。

从归因的结果来看，消费者如何归因企业的动机，将会影响他们对于企业慈善活动的态度感知，进而影响他们对品牌整体的态度和行为（Heider，1958）。如果消费者认为，企业采取营销行为的动机归因于利他的、提高社会价值、服务公共利益的内因，那么他们对企业的态度将更加积极。相反地，如果消费者认为，企业采取的一切行为，包括广告宣传、捐赠等，动机都是利己的、为提高企业利益服务的外因，那么他们抱着这种怀疑的态度，对企业的态度也更加负面。也就是说，当消费者感知企业是真诚的时，企业形象才会有所提升；而当消费者感知企业是为了提升形象或受迫于社会的压力时，反而可能对企业形象造成伤害。

具体而言，Dean（2003）指出企业无条件的捐赠行为更可能被消费者归因为利他动机，而公益营销更可能被消费者归因于利己动机。赵文红等（2008）则指出企业从事慈善事业的动机包括一定程度的道德（即利他动机）与合理的自我利益（即利己动机）。

3.2.3　突发事件与企业动机归因

在突发事件情境下，Kim 和 Lee（2015）认为当企业参与社会责任活动与危机事件的相关性一致时，消费者更容易感知到企业参与社会责任活动是出于企业自身利益目的和战略考虑，而不是出于公共利益，这将导致消费者对商家的动机产生高度的怀疑（Kim and Lee，2015）。同理，品牌在突发事件中借势营销也存在动机归因的问题，因此有些学者对此行为并不赞成，认为企业应在制定品牌传播战略或研发新产品时给予更多考量（柯学，2009；袁洁平，2014）。

但是也有学者提出相反的观点。Gao 等（2012）对 2008 年汶川地震后有慈善行为的企业数据进行分析，提出灾难后的慈善行为对市场的影响是有利的，并且当企业捐赠规模越大、反应速度越快、产品或核心业务是直接消费者导向的、捐赠实物而非现金等情况下，对企业的积极作用越大。其主要原因是这些慈善行为树立了品牌形象，提高了品牌知名度，是一种"战略性投资"。

因而企业在营销传播过程中，需要小心处理与突发事件的关联。在如此高曝光度、吸引眼球的时机传播自己的品牌是极大的诱惑，但品牌宣传的短期效果不佳，因为消费者往往对此类行为感到不满并质疑商家动机。有些企业直接借助突发事件宣传品牌，"顺水推舟"的意图比较明显，而在社会大众看来这种做法是很低劣的，因此对品牌的评价十分消极。尽管一些品牌在宣传时小心处理与危机事件的关联度，甚至试图通过传播积极的"正能量"来抵消借势营销的负面效应，但这种隐晦的传播手法并不一定带来应有的积极效果，有时反而使人们对此种行为更加抵触，认为品牌借势营销的行为过于投机取巧。

3.3　劝说知识理论

3.3.1　理论概述

劝说知识（persuasion knowledge）是消费者对营销中的劝说意图以及应对办法产生的个人的知识。它包含以下信息：营销人员的劝说目标，营销人员为达到劝说目标所使用的策略，这些策略旨在产生的心理营销，这些策略的有效性与适当性以及消费者应对劝说意图的策略。对于劝说知识是如何对消费者的行为带来影响的，Friest 和 Wright（1994）提出了劝说知识模型（persuasion knowledge model），该模型关注三个知识结构是如何"相互作用、塑造、决定劝说尝试的结果"的，这三个知识结构如下：劝说知识；代理机构知识（对广告商或者销售人员等劝说代理机构的特征、能力和目标的认知）；话题知识（关于所传递信息的话题，如产品、服务等）。本质上，劝说知识使得人们能够"识别、分析、借势、评估和记忆劝说尝试，并选择、执行被认为有效恰当的应对策略"。对于消费者而言，劝说知识的增加，可能意味着消费者能够通过忽视、反对来应对商家的劝说尝试。

3.3.2　消费者的劝说拒绝

目前，大多数学者将劝说知识模型应用于了解消费者的劝说知识如何影响他们在面临劝说尝试时拒绝劝说策略。劝说知识的研究可以简单分成两类：一类是消费者素质性劝说知识（dispositional persuasion knowledge），另一类是消费者情境性劝说知识（situational persuasion knowledge）。

素质性劝说知识是指消费者自身具有的劝说知识水平，不同的消费者有着不同水平的劝说知识。Friestad 和 Wright（1994）认为，一个人的劝说知识是通过与各种营销人员（劝说者）的互动而形成的。因此，素质性劝说知识会随着消费者被劝说的经历增加而不断丰富、不断被修正。学者对素质性劝说知识的主要研究方向有：消费者个人对劝说策略及其影响的认知以及消费者怀疑（如对广告的怀疑）等。但是，消费者的劝说知识并不总是一致的。劝说知识其实更接近于一种松散的直觉。也就是说，某些特定的情况可能会激活消费者更高的劝说知识，从而影响消费者在该情境下对劝说意图的对策，这便是情境性劝说知识研究，此类研究关注消费者在什么情况下能够激活更高的劝说知识，这些特定的情况下激活的劝说知识又是如何影响劝说结果的。例如，当消费者面对不同的广告类型时，对广告的怀疑程度是不同的。

对于情境性劝说知识的研究方向，除了上述的消费者怀疑外，还有消费者对商家的操纵意图推断、劝说动机或意图感知、劝说合适性感知等。操纵意图推断是指消费者对广告商试图通过不恰当的、不合理的、操纵的手段来劝说的推断。消费者可能会认为商家的一些劝说意图是不合适的，从而降低对商家的评价。当消费者认为某个产品的借势广告不太合适时，消费者更容易产生操纵意图推断，而操纵意图推断对消费者的广告态度有负面影响；不同类型的广告信息（如叙说性与说明性）会通过影响消费者的操纵意图的凸显程度来影响品牌评价；在带有比较的广告中，否定比较（vs 肯定比较）更容易让消费者感知到品牌操纵意图，产生消极品牌评价；当消费者识别出营销人员的劝说意图时，认为劝说是营销人员为了自己的利益的举动，会带来更差的品牌评价。但是，劝说知识的激活并不会完全带来消费者的怀疑，产生负面影响。当有更加可信的劝说策略时，劝说知识激活可提高品牌的可信度。例如，消费者认为产品广告中使用购物网站上产品获得的评价高分、行业专家或记者的正面评价会比在广告中使用一个聘请的演员来扮演消费者给出品牌的正面评价更加可信。当消费者的劝说知识被更高地激活时，消费者会对使用可信的广告策略的品牌评价更高。

此外，劝说知识理论早已被应用到互联网乃至新兴的社交媒体的研究上。过去，有学者以博客是否披露赞助信息为背景展开研究，发现不论是在隐藏的产品植入前披露还是植入后披露赞助，都可能降低消费者的品牌回想的效果，导致隐性营销劝说效果降低。Boerman 等（2017）发现当 Facebook 的帖子是由品牌发布时，品牌是否披露帖子包含品牌赞助对消费者的劝说知识的激活是没有影响的；但是，当 Facebook 的帖子是由一个名人发布时，是否披露帖子包含品牌赞助对消费者的劝说知识的使用有影响。也就是说，当品牌发布社交媒体的帖子时，品牌自身的存在就暗示着帖子的劝说目的。此外，还有学者基于广告游戏、网站系统原生广告等背景对消费者在互联网背景下的劝说知识运用展开研究。总之，在品牌的社交媒体沟通中，品牌往往是社交媒体账号的发帖主体，这一存在感很可能会使得消费者在评价品牌在社交媒体上的行为时应用劝说知识，推测品牌行为背后的营销动机。

3.4　解释水平理论

3.4.1　理论概述

解释水平理论认为，可以把时间距离（未来、过去）、空间距离（远、近）以及社会距离（他人、自我；群体内、群体外）等维度纳入一个统一的心理距离框架，较远的心理距离与高解释水平相联系，较近的心理距离与低解释水平相联系（Liberman et al.，2002；Nussbaum et al.，2003；Trope and Liberman，2003）。

解释水平理论最初的维度只有时间解释维度，由 Liberman 和 Trope（1998）提出。该理论认为，距离现在较远的未来情境解释水平比距离现在较近的当下情境解释水平更高，即人们会倾向于用高解释水平去构建与未来有关的远期场景。例如，让学生选择不同难度和趣味性的学术作业，在选择未来的作业时，学生更看重作业的趣味性，而在选择不久以后的近期作业时，他们更看重作业的难易程度。

而后，解释水平理论从时间维度拓展到了空间距离、社会距离、发生概率等其他维度，将其他类型的心理距离与时间距离一起纳入了一个统一的框架内，逐渐形成了当下一般化的解释水平理论。

空间距离，顾名思义，即物理距离。当事情发生在距离自己较远空间位置的时候，人们倾向于用抽象的语言去描述和概括它（Fujita et al.，2006）；社会距离（自己、他人；群体内、群体外；朋友、陌生人）也是心理距离的构成维度之一，人们倾向于对他人进行高解释水平的特质归因，而对自己进行低解释水平的情境归因（Trope，2004）；发生概率对解释水平的影响也呈现了类似的规律（Wakslak et al.，2006）。心理距离的几个维度以相似的内在机理影响着人们解释水平的选择，进而影响其感知与行为决策。

3.4.2 影响消费者心理架构的机制

心理距离会影响人们的知觉，进而影响人们的行为。心理距离较远，即高解释水平下，人们会用抽象的、简单的、结构化的、连贯的、去背景的、首要的、与目标高关联度的等特征对事物进行表征和描述；相对地，心理距离较近，即低解释水平下，人们则会更多倾向于用具体的、复杂的、组织程度低的、不连续的、背景化的、次要的、与目标低关联度的等特征对事物进行表征和描述（孙晓玲等，2007；Trope and Liberman，2010）。

Liberman 等学者对心理距离影响人们解释水平的原因进行了分析，他们推测，心理距离之所以会影响解释水平，可能是因为不同距离导致事物相关联信息的可获取性、获取难易程度和信息信度不同，心理距离越远，具体的有关信息越不易获取、可信度越低；而当心理距离近的时候，相关信息会更加清晰可靠（Trope and Liberman，2003；Wakslak et al.，2006）。另外，影响可能源于人们的计划习惯；对于目标驱动的人，当他们在进行未来规划时，会首先考虑结果（高解释水平），而后才会考虑达到目的的可行性（低解释水平）；此外，在制定远期规划的时候，人们暂不会考虑有关计划的具体实施方法，即低解释水平的信息，因为未来具有不确定性，他们可能对计划进行调整（Trope and Liberman，2003）。

近年来，随着解释水平理论的逐渐完善，该理论被广泛应用到心理学以外的其他学科领域，包括消费者行为学。消费者在真正实施购买决策之前，会在心中预先设想想要购买的产品或青睐的品牌，此时，消费者的考量更理性，更多受到消费者需求、消费目标等高解释水平信息的影响；但是当消费者真正实施购买行为、来到商店的时候，其购买决策会更多地受到彼时商场广告、促销活动、具体购物情境等低解释水平信息的影响，这就导致了消费者最终的消费选择与其购前所制订的购买方案不一致，甚至无法达到最初的消费目的，这可能导致消费者对购物决策感到后悔，进而对本次购物体验的满意度下降（Dhar and Kim，2007）。

解释水平理论有关结论的真实性、可靠性已经被大量研究所证实，在各个学科间具有普遍的应用意义，解释水平下的心理距离构念也能够为我们后续探讨品牌借突发事件之势营销其自身产品的现实问题提供新颖的研究思路。

3.5 本 章 小 结

本章详细介绍了借势营销影响消费者心理及行为的理论基础。其中，主要包括两类：第一类为解释突发事件影响消费者心理架构的恐惧管理理论，第二类为解释品牌借势营销影响消费者态度的归因理论、劝说知识理论和解释水平理论。通过对各个理论的介绍，阐释了品牌借势营销影响消费者行为的理论机制，为解释借势营销效应及策略提供了理论基础。

第4章 品牌借势营销的影响

4.1 品牌借势营销的现实背景

在品牌实践中，一些品牌选择借助热点事件高密度的曝光率来宣传自身品牌，将热点事件的热度转化为品牌的流量，借机强化品牌理念、宣传品牌特性或开展促销活动。这种融合了事件热点的营销方法被称为借势营销，品牌自身不需要打造营销事件或话题，而是借助事件本身所具有的强关注度，将事件热点与品牌特性进行结合，从而将热点事件发生所营造的巨额流量为自身所用。新媒体技术的发展大大增加了借势营销的可行性，在新媒体平台上，借势营销具有低成本和高收益的特点，鉴于其可以显著提升品牌知名度和曝光率，因而成为很多企业自身营销战略的重要组成部分。

但在具体的实践过程中，借势营销的高收益性也往往意味着更高的操作风险，在"草船借箭"的成功案例之外，"引火烧身"的失败案例亦不胜枚举。例如，消费者可能对不恰当的借势营销行为的动机产生怀疑，从而降低对品牌的评价和购买意愿，这为企业的品牌发展与管理敲响了警钟。因此，营销手段和时机的选取方式将会深刻影响具体的营销结果。

本章重点关注突发事件情境下品牌借势营销对消费者的影响。在人类社会的发展过程中，各类突发事件层出不穷：从洪水、地震、暴雪等自然灾害，到霍乱、疟疾、天花等瘟疫盛行，再到工业革命后出现的核泄漏和爆炸等事故灾难。近年来，自然灾害及事故灾难频发。在风险社会的大背景下，偶然发生的突发事件已成为一种事实的常态。

在突发事件情境下，借势营销的实际效应与品牌特性紧密相连，如针对同一突发事件的同种营销手段，在奢侈品牌和普通品牌的应用规律上将有不同表现。突发事件发生后，消费者在恐惧管理理论下对奢侈品的渴求和在归因理论、公平理论下对借势营销的奢侈品的抗拒形成了冲突矛盾的局面。对借势营销而言，品牌利用事件热度进行营销以提升知名度，与不当营销可能承担的风险，亦是矛盾且对立的。

本章从效应结果的角度出发来探讨企业在何种情境下适合进行借势营销来增加品牌曝光度，并探究导致结果的中介路径和解释机理，将选定消费者心理作为企业制定借势营销策略的切入点，以开展细化研究。

4.2 品牌借势营销的理论基础

4.2.1 物质主义

物质主义（materialism）是一个社会伦理学词语。Roberts 和 Clement（2007）提到，物质主义是人们对于物质的需求和欲望、对于精神世界的忽视，成为一种完全以物质兴趣为基础的生活方式、观点和倾向。

围绕物质主义的本质，学者们为物质主义的内涵赋予了丰富的层次和维度。Belk（1985）认为物质主义是消费者对世俗财物赋予的重要性，他将物质主义看作一种人格特质，包含嫉妒（羡慕他人的物质获得）、吝啬（不愿与他人分享自己的财物）、占有（对拥有物质财富的强烈欲望）和保存（在拥有后能够长期保存）的心理因素。Richins 和 Dawson（1992）则将物质主义作为一种价值观，是人们对于拥有物质财富重视程度的价值态度，他认为物质主义包含三个内涵，即将物质追求作为生活的中心、作为获得快乐的源泉以及作为成功的判断标准。Chan 和 Prendergast（2007）拓展了 Richins 和 Dawson（1992）的观点，将财物认为是成功的象征，并且财物越多越幸福。Sirgy（1998）则将物质主义作为生活的一个重要领域，相比别的生活领域，物质主义者更关注物质这一领域，他们评价物质高于生活的其他方面。

而围绕物质主义的动机和目的，Ward 和 Wackman（1971）定义物质主义是一种个人强调以拥有金钱与财物来追求快乐及社会地位晋升的价值观。Shrum（2013）认为物质主义是对身份目标的追求，是个人试图通过物质财富来构建、维护身份的程度。物质主义者不仅通过拥有金钱和财物来获得自身的满足和快乐，更会以物质消费来表现自己的独特、获得他人的尊重，从而彰显自身的社会地位。

Richins 和 Dawson（1992）对物质主义的定义为目前学界的主流观点，他们还对物质主义者的特征进行了以下几点描述：一是对于财物的重视，而对于人际关系的忽视；二是以自我为中心，强调自我的占有而非分享；三是对于奢侈生活方式的追求；四是较难对生活感到满意。可见，由于物质主义者疏于对人际关系、精神世界的积极维护，而将物质追求作为与世界联结的途径，从而把对于身份认同、幸福感提升的渴望寄托在物质上。

关于物质主义的实证研究在 20 世纪 80 年代逐渐兴起，研究者往往采用量表的方式对消费者的物质主义程度进行测量。根据物质主义的不同取向及定义，研究人员设计的量表主要有几种类型，包括 Belk（1985）提出的将物质主义作为人格特质的物质主义量表、Richins 和 Dawson（1992）提出的将物质主义作为价值观的物质价值观量表、Heslin 和 Johnson（1985）提出的将物质主义作为态度的消费者物质主义分量表等。

Belk 根据自己对物质主义的定义，将物质主义量表分为嫉妒、吝啬、占有和保存 4 个分量表，共 21 个条目，但在具体使用中，Belk 量表的信度较低，中位数仅为 0.54，具有较大的局限性，亟待开发新的测量工具。

对此，Richins 和 Dawson 编制了物质价值观量表（material values scale，MVS），包括中心、幸福与成功三个分量表，分别代表着物质主义者将物质拥有作为生活的中心、拥有的物质越多意味着越多的快乐、物质拥有是一种成功的象征，共 18 个测量题项。该量表在后续的大量实证研究中被证明具有较高的内部一致性信度，因此得到了广泛的应用。随后，Richins（2004）针对物质价值观量表的结构效度进行了进一步优化与调整，删去相关条目，开发了 15 个条目的版本，不仅简化了题项，方便量表的使用，并且使其拥有更好的维度属性。由于 MVS-15 量表在长期实践中拥有较高的稳定性，在后续实证研究中也将采用该量表对消费者物质主义程度进行测量。

除此之外，物质主义也常被研究人员通过实验的方法进行操纵，目前的操纵方法主要为"混词组句""观看同伴视频""想象范式"等方法。Bauer 等（2012）在其物质主义与幸福感的研究中，使用"混词组句"的操纵方法，在每一组中，被试被要求将混乱的词语组成连贯的句子，通过 15 组训练实现被试对其物质主义的激发和启动。其中，物质主义组使用了较多如"购买""财富""昂贵"等物质主义相关概念的词语，而控制组则替换为较多中性词语。该方法在国外得到了较多运用，而在中文语境内尚无运用。

Ku 等（2014）在其儿童物质主义与学习成绩的研究中，使用了"观看同伴视频"的操纵方式，控制组的视频中同龄人所传递的核心观念是"生日希望与家人一起度过""未来希望追求学业和友谊"，而物质主义组通过同龄人分享自己生日想获得的礼物、未来希望追求物质成功，从而影响被试、唤起被试的物质主义。由于儿童容易受到同伴的影响而成年人拥有更稳定的价值体系，该操纵方式更适用于儿童被试。

除此之外，在 Ku 等（2014）的上述研究中，还使用了"想象范式"的方法，通过让被试想象自己希望购买的物品以及拥有大量金钱后进行消费的场景，激发其物质主义。杨蕊蕊（2018）等中国学者利用该操纵方式并进行相应改编，使其更适应中国背景。该方法程序简单、容易实现，较为适合对大样本进行实证研究，因此本章在后续实验中采取该操纵方式。

学界关于物质主义的研究主要集中在其形成机制和影响结果上。

物质主义的形成是内因与外因共同作用的结果。其中内在原因源于个体的不安全感，这种不安全感不仅包含经济上的，也可能是人际关系上的和身份认同上的，此时物质主义便成为一种补偿机制。在经济方面，童年时期的贫困经历可能对个体产生影响，他们可能在内心产生较为深刻的经济上的不安全感，这种安全感的缺失与自卑一直持续到成年后，从而报复性地希望通过消费和物质来弥补童年时财物上的欠缺。在人际关系方面，当个体不重视人际关系的维护、较难形成人际依恋时，他们会寄托于物质世界，并且更倾向于通过品牌的认同与联结而缓解内心的焦虑感。有关家庭关系对物质主义的影响研究，也验证了相比完整幸福的家庭，在破碎的家庭成长的个体更可能具有高物质主义倾向。但也有研究表明，完整幸福的家庭中，也可能培养出具有高物质主义的孩子，其中表达的载体充当了调节的作用，当父母常通过物质奖励来表达和鼓励孩子时，孩子在成年后会倾向于物质主义。在身份认同方面，一个人所拥有的财产和所使用的物质商品在一定程度上能够向他人传递自身的身份信号、影响他人对自己身份信息的判断，因此当个体对自身身份具有不安全感时，会希望通过物质财富的获得和积累来获取他人的欣赏和自身身份的认同。此外，死亡提醒也会引发个体较强的物质主义。Kasser 和 Sheldon（2000）的研究指出，当令被试想到死亡时，其希望有更多的财产，并且希望购买更多的衣物和娱乐活动；另外，在死亡提醒的操纵下，当对被试启动金钱范式后，则可以降低恐惧和焦虑。有学者指出，死亡提醒对消费者物质主义的影响由未来取向所介导。

在外因方面，个体也会通过社会学习形成物质主义，来自家庭、同伴、电视广告的影响，会促使他们进行比较与模仿。

在个体影响方面，物质主义者由于沉浸于物质享受，忽略了精神世界的追求，往往具有较低的幸福感和生活满意度。在社会影响方面，与物质主义的成因相似，高物质主义与低人际关系互为因果，更容易出现人际问题，关系更浅，质量更差；物质主义者往往是自私的，并且不愿与他人分享自己的财物，因此较少参与亲社会行为，对慈善募捐和生态环保问题较少关注。

此外，其人格特点和行为特征会对消费态度、消费行为产生影响：可能引发冲动性购买行为，且该效应受到心理模拟的调节，其中过程模拟与向下模拟能够降低物质主义者的冲动性购买，向上模拟则能够提升这种冲动性行为。高物质主义也容易导致强迫性购买行为，且年轻人更为显著。物质主义也常用于奢侈品消费和炫耀性消费的研究中。物质主义者的固有特点代表了他们对于物质财富的痴迷与追逐，他们的消费行为常与享乐、地位等动机相关联，而奢侈品所具有的对个人而言的享乐性质、对人际而言的炫耀性质，则与其吻合，因此物质主义者为奢侈品的购买群体。研究表明，物质主义者购买奢侈品能获得更高的自豪感，从而更愿意购买奢侈品。也有学者指出，物质主义者在进行炫耀性消费时，不仅关注消费的"量"，也更关注消费的"质"，重视消费的品位与个性表达，从而提升消费的文化性与区隔性。

4.2.2　品牌知名度

品牌知名度，又称品牌知晓度，是品牌被消费者所知晓的程度与能力，是品牌的重要资产之一。知名又可以被解释为著名的、有名的。关于品牌知名度的本质，Laurent 等（1995）指出，品牌知名度衡量了品牌在消费者心中的凸显程度；Keller（1993）认为品牌知名度反映的是相比其他品牌的品牌差异程度；而 Aaker（1992）将品牌知名度定义为消费者需要购买某产品时某一品牌（而非其他品牌）能够立马出现在他们脑海中的程度。这三位学者都明确了品牌知名度的两大内容，即品牌的可识别性和品牌熟悉度，即在广度和深度方面的内涵。广度是指消费者能够将品牌与其他品牌区分开来，强调了对于目标品牌独一无二的好感与信任；深度是指消费者能够轻易地辨认出品牌，并对于品牌的广告营销或购买经历产生熟悉感，从而在心理上对品牌产生情感联结与依赖。

品牌知名度分为几个层次，从低层次到高层次依次为提示认知度、未提示认知度以及第一提及认知度。提示认知度是在有提示的情况下，消费者能够识别、辨认、知道该品牌，这是品牌知名度的最低层次，对于生活日用品等价值较低的产品，不需要进行复杂的消费决策过程，能够识别品牌则可能产生购买行为；未提示认知度是在未提供提示、仅说明产品品类的情况下，消费者能够自发地想到某一品牌，这就需要消费者平时积累一定的品牌知识，并将营销广告中的被动接受转化为自主的品牌意识；第一提及认知度则是未提示认知度的更高层次，是指在没有提示的情况下消费者最先想到的品牌，是在某一产品品类中最耳熟能详、最为消费者所熟知的品牌，这类品牌对消费者的影响最深。

品牌知名度常被作为品牌的基本属性，成为品牌相关概念的一个子维度。品牌知识是消费者思维网络中与品牌产生联结形成的认知，Keller（1993）认为品牌知识包括品牌知名度与品牌形象，将品牌知名度作为消费者对于品牌的一种认识与知识，并基于这种知识进行后续的消费判断与决策。对于品牌资产的研究，往往分为基于财务的品牌资产、基于市场的品牌资产和基于顾客的品牌资产三大派别。基于财务的品牌资产由品牌为企业带来的财务增值进行评判，基于市场的品牌资产是品牌在市场竞争中所取得或潜在的地位，基于顾客的品牌资产则由品牌知识扩充而来，既包含客观的品牌知识，又包含主观的品牌情感。其中，Aaker（1996）认为品牌资产包含品牌知名度、感知质量、品牌联想和品牌忠诚；Keller和 Lehmann（2006）指出品牌资产包括品牌知名度、品牌联想、品牌态度、品牌忠诚、品牌关系五大维度。

在实证研究中，品牌知名度常被应用到结构方程模型中，主要使用量表测量法，其测项以 Keller（2003）的量表最为常用，分别为"我对该品牌是熟悉的""在购买产品时，我已听过该品牌""我可以在众多竞争品牌中辨认该品牌"；Justin（2019）构建了大众声望均值量表（mass-prestige mean scale），以测量品牌的第一提及认知度。此外，相关文献利用搜索引擎的数据对品牌知名度进行计算，如刘丽娜等（2018）通过百度指数，对各关键词在百度上的搜索频次进行加权平均计算。在实验分析法中，往往将品牌知名度作为自变量或调节变量进行操纵，在具体的操纵方式上，可以选取两个真实品牌，通过前测实验选择最高和最低知名度感知的品牌作为实验的刺激物；也可以选择一个现实生活中的高知名度品牌，再使用一个虚拟品牌作为低知名度的刺激物。

学界对于品牌知名度的研究主要围绕两大方面：一是品牌知名度的影响因素，以及采取怎样的品牌管理策略能够有效提升品牌的知名度；二是品牌知名度会对消费者的心理产生什么影响，企业应如何根据自身知名度定位制定营销策略。

营销策略是提高品牌知名度、提升品牌资产的重要前提。恰当有序的广告、促销、社交媒体运营等营销行为会对品牌知名度产生正向影响。Kaul 和 Wittink（1995）指出广告类型会影响品牌知名度。Yoo 等（2000）通过结构方程模型，验证广告支出与品牌店面形象正向影响品牌知名度/品牌联想，而价格促销频率负向影响品牌知名度/品牌联想。Rajagopal（2020）认为对于服务提供商而言，广告和人际交流能够有效提升品牌知名度，并指引消费者进行消费决策。

Godey 等（2016）对奢侈品牌的社交媒体运营展开研究，证明社交媒体传播的娱乐性、互动性、时尚程度、定制程度和口碑会正向影响品牌知名度和品牌形象；在社交媒体发布的内容方面，丰富的专业知识分享有助于提升品牌知名度，而具有较高享乐性质的内容则会增加消费者对于产品的试用渴望。

Hoeffler 和 Keller（2002）指出企业的社会责任行为将有助于提升品牌知名度和品牌形象。Huang 和 Sarigollu（2012）通过调研数据与市场数据，证明了用户体验能够正向影响品牌知名度。孙玉琴等（2019）通过回归分析，指出跨界营销对于酒店知名度的提升有正向影响，其中以传播跨界效果最优，其次为产品跨界、渠道跨界。

品牌知名度高低能够对消费者的认知、态度和行为产生影响。Cobb-Walgren等（1995）在关于酒店的研究中指出，具有更高知名度的品牌更能够吸引消费者。

Aaker 和 Keller（1990）在关于品牌延伸的研究中指出，品牌知名度正向影响消费者对于品牌的忠诚度。Kim 和 Lee（2015）通过构建结构方程模型，指出品牌知名度与价格交互影响了消费者对于产品的感知质量。很多研究表明，品牌知名度能够显著影响消费者的品牌态度和购买意愿。Silk 和 Urban（1978）提出知名的品牌更容易让消费者愿意购买。Hoyer 和 Brown（1990）认为品牌知名度能够在很大程度上影响消费者的购买决策。随后，学者们对品牌知名度影响购买意愿的机理进行探究。Dodds 等（1991）指出，当品牌拥有更高的知名度时，消费者会认为该品牌产品质量更好，提升感知产品质量，降低感知风险，从而产生更高的价值感知和更好的品牌态度。Keller（1993）提出高知名品牌对消费者购买意愿的影响体现为两个方面：首先是印象方面的影响，当消费者需要购买某一品类产品时，品牌的知名度越高，消费者越容易产生较深的印象与认知，此时品牌更容易浮现在消费者脑海中，从而成为潜在的、备选的购买品牌，并最终可能成为消费者的选择；其次是品牌形象方面的影响，高知名度的品牌与消费者的联结更紧密，而通过打造较好的品牌形象，能够影响消费者的购买决策。

此外，不同的品牌知名度影响着企业应采取的营销管理策略，学者围绕品牌知名度这一变量展开了丰富的实证研究。Campbell 和 Keller（2003）对不同知名度品牌应采用的广告策略进行探究，通过实验证明消费者对于低知名度品牌的重复性广告策略容忍度较高，Skurnik（2005）对不同知名度品牌面对负面评价应采取的策略展开研究，证明对于非知名品牌，消费者的品牌卷入度较低，而处理相关信息的认知需求较高，根据睡眠效应，随着时间推移，人们脑海中的内容和信息源分离，即负面评价与品牌相分离，通过一段时间的"坏事传千里"，品牌的知名度获得提升，但人们慢慢忘却是因为负面信息而导致的知名度上升。

4.2.3　品牌真实性

真实来源于希腊语"auto"，在哲学领域、社会学领域中拥有广泛的应用。品牌真实性（brand authenticity）是品牌识别的关键内容，是品牌营销的基石与原则，也是品牌获得市场认可的重要因素。真实性代表着品牌是真正的、现实的、正确的、正宗的、有质量承诺的以及具有延续性，既包含品牌内在特征与核心理念延续的一致性，也包括品牌应对市场采取不同营销策略时所承载的外在特征（如外观、风格）的一致性。品牌应该建构自身品牌的真实内核，并在品牌传播中围绕该内核进行营销，从而使消费者对其内在与外在的真实形象产生共鸣。

目前学界的不同学者对品牌真实性给予了丰富的内涵与定义。Gundlach 和 Neville（2012）指出品牌真实性包括存在真实性、审美真实性及象征真实性，其中，存在真实性是指品牌塑造并传达出来的客观真实性；审美真实性是指消费者在客观事实的基础上所附加的主观感受和情感表达；象征真实性是指品牌形象所传递的象征意义。

Leigh 等（2006）认为品牌真实性可包括客观主义真实性、建构主义真实性和存在主义真实性三个层次的内涵。从客观主义的角度而言，Trilling（1972）指出真实性是物品固有的属性，是消费者可以评估的产品质量的重要内容，是一种静态的真实，个体可以通过"指向性线索"对品牌的客观真实性进行判断，具体包括品牌成立日期、原产地和专家的鉴定认证。从建构主义的角度而言，Grayson 和 Martinec（2004）指出，真实性是一种社会或个人建构的现象，是将个人的信念、期望以及观点投射在物品实体上，在事实建构的过程中有着人主观意识的参与，是一种动态的真实，个体可以通过"标志性线索"对品牌进行建构。存在主义的观点认为，真实性与自我相关而非与外部实体相关，它意味着对自己的真实概念，能够帮助消费者通过消费发现真实的自我，也体现着消费者对真实自我的追求与表达。Leigh 对于品牌真实性的哲学阐述得到了后续研究的广泛支持，这三种层次概括来说，分别代表了品牌的客观事实、消费者的主观意识以及消费者的价值动机，即品牌本身所承载的可供消费者甄别真假的固有信息（如产地、成分等）、消费者基于自身理解和产品信息所做出的真实性判断、品牌对于消费者潜在真实自我表达的持续支撑。这三种层次并非互相对立和排斥，而是共同构成了消费者关于品牌真实性的判断。

由于品牌真实性拥有丰富的概念内涵，不同学者对其也采用了不同的测量方式。围绕消费者对品牌真实性的感知与解释，主要有 Napoli 等（2014）与 Morhart 等（2015）构建了系统全面的量表。其中，Napoli 等（2014）认为消费者依据质量承诺、工艺、遗产、怀旧、文化象征、真诚等线索，对品牌的真实性进行主观评估，因此他们主要从品牌真实性的构成路径与形成线索出发，构建了基于消费者的品牌真实性（consumer-based brand authenticity，CBBA）量表，主要分为质量承诺线索、遗产线索及真诚线索三个子量表。CBBA 量表存在明显的局限性，首先体现在其对品牌真实性的感知路径进行了概括与归纳，但没有体现品牌真实性的真实内涵；其次，不同线索之间并不存在明确的划分和清晰的界限，一个品牌可能兼具了质量、真诚等真实性感知的不同线索来源，因此不同维度之间存在相互依存的关系。

Morhart 等（2015）从品牌真实性的消费者感知和反应结果出发，构建了感知品牌真实性（perceived brand authenticity，PBA）量表，体现了品牌真实性的定义与内涵。Morhart 等通过定性访谈和跨国调研，描绘出消费者心目中品牌真实性的直观表现。PBA 量表共有延续、可信、正直、象征四个子量表，其中延续代表品牌具有悠久的历史，已成为经典，与品牌遗产的概念相似；可信代表品牌对消费者诚实，且会践行承诺；正直代表品牌所传递出的道德感、责任感，与企业社会责任的概念相似；象征代表消费者对于品牌寄托了自身的价值表达，希望通过品牌完成个人价值的塑造，与品牌依恋中的身份认同概念相似。Morhart 等所划分的品牌真实性的四个维度，并未从线索路径出发，而是以结果为导向，体现消费者的感知，这也是品牌真实性的内涵表现。四个维度均能够反映客观主义真实、建构主义真实和存在主义真实三个层次。该量表直接反映了品牌真实性内涵，且被证明具有较好的构念效度，因此本章将在后续实验中采取该测量方式（共15个题项）。

品牌真实性是品牌营销的重要目的之一。目前国内外对品牌真实性给予了较高的关注度，主要研究重心由品牌真实性的内涵、维度延伸至影响因素、影响结果。在品牌真实性的形成机理上，Alexander（2009）提出了品牌真实性的前后台理论，将 Beverland（2006）提出的六个真实性要素分为品牌的后台行为（即客观的）和前台行为（即主观的），其中后台行为包括遗产与传统、质量承诺、生产方法，这些要素使品牌从客观上被认为是真实的，且这是一种内在的精髓；前台行为包括与原产地的联系、风格一致性、淡化商业动机，这些要素是品牌在面临具体的品牌管理议题时所需要做出的反应，是外在的策略，而其中所体现的品牌真实性则是由消费者主观感知的。消费者对于真实性的主观感知，来自自我的主观建构，更是由自身的目标和需求所影响的。消费者追求真实性的原始动机是希望借此实现生活意义与个人价值，因而会更加偏好能够满足自身身份价值的品牌与消费体验。

在品牌真实性的结果影响上，国内外学者对于品牌真实性对消费者行为的正向影响有着较为统一的观点。其中，Ewing 等（2012）提出品牌真实性对品牌态度具有积极影响，Napoli 等（2014）指出品牌真实性对于消费者购买意愿具有正向影响，此外，品牌真实性对于消费者的品牌信任、品牌认同、满意度、品牌依恋、推荐意愿、品牌忠诚均具有正向的影响。

在品牌真实性的实证应用领域，Eggers 等（2013）将品牌真实性的概念运用于中小企业品牌，探究在中小企业情境下真实性与品牌信任、企业成长之间的关系，通过结构方程模型提出品牌真实性（尤其是品牌的一致性）促进了品牌信任，从而推动中小企业的成长。相似地，刘赟（2020）以新创服务品牌为研究对象，主要关注新创品牌真实性对消费者购买意愿的影响，并指出该影响由品牌信任所介导。在绿色消费领域，王娜等（2017）指出品牌真实性正向影响消费者的绿色购买行为，而该影响的中介变量为品牌信任和环保担当。对于具有历史传承的品牌，许晖等（2018）主要研究了老字号品牌的真实性，由于老字号品牌面临着"变"与"不变"的矛盾选择，品牌活化既要关注品牌内核的传承与延续，又要延伸品牌价值链与创新。此外，奢侈品牌的真实性主要包括六个要素，具体包括遗产与传统、风格一致性、质量承诺、与原产地的联系、生产方法及淡化商业动机，奢侈品牌通过构建生动而丰富的品牌故事，涵盖品牌真实性的六个要素，从而吸引不同专业水平以及多样性寻求程度的消费者。

在具体的品牌管理策略方面，Spiggle 等（2012）将品牌真实性运用于品牌延伸领域，主要关注品牌在延伸时是否对母品牌的风格与文化进行有效传承、是否尊重品牌遗产以及是否有效保留了品牌的精髓，并构建了品牌延伸真实性量表，以此来评判品牌延伸的有效性，作为对品牌延伸契合度的补充概念。品牌借势营销与品牌延伸的逻辑相似，都体现了企业在突破创新的过程中对于维护品牌内核的权衡与考量，而目前尚无关于品牌借突发事件营销与消费者品牌真实性感知方面的研究。本章的研究丰富了品牌营销尤其是借势营销对品牌真实性影响的研究成果。

4.3 品牌借势营销的影响因素及分析

4.3.1 奢侈品牌借势营销对消费者品牌态度的影响

突发事件的发生，带来了人员伤亡、财产损失、社会动荡等一系列后果，它在短时间内获得巨大的关注，牵动着人们的心，使社会民众陷入悲伤、恐惧、同情等情绪中。在这样的背景下，根据死亡凸显效应的近端防御理论，消费者会尽量避免关于死亡的思考，思维结构变得狭窄，尽量避免新鲜事物和大胆创新，对于品牌的创新营销行为抱有审慎和警惕的态度。根据归因理论，若消费者感知企业的营销行为（如突发事件后企业顺势宣扬自身品牌理念和优势，借势推出的折扣让利行为）并非出于增进社会福祉的目的，而只是为了提升自己的知名度和销售量，则消费者认为这种营销行为是低劣的，对品牌的印象也会更负面。

奢侈品牌具有较高的品牌资产。从基于消费者的观点来看，品牌资产是一个品牌对于消费者的价值与并非该品牌的同类产品对于消费者的价值之差；Keller（1993）认为品牌资产是建立在消费者品牌知识的基础上而对于品牌营销活动的态度差异。美国某知名广告公司对于品牌资产的测量指出，品牌资产来源于消费者的价值感知，而源头则是产品本身的特点。郭姗君（2008）根据奢侈品自身的特点，对奢侈品的品牌资产进行了归纳：奢侈品的昂贵特点体现了其炫耀性价值，独特性特点体现了消费者具有领先的社会地位，奢侈品的美感使得消费者愉悦和享乐，精致的工艺给予了消费者品质的保证，而独特的品牌风格与品牌调性则赋予了消费者进行自我表达的机会，这是普通品牌不可企及的。从基于市场的观点来看，消费者对于产品溢价的接受度、对于品牌延伸的评价和重复购买的意愿，是反映品牌资产的重要维度。Vigneron 和 Johnson（1999）及刘国华和苏勇（2006）认为，奢侈品是高溢价品牌，具有较高的品牌资产；消费者倾向于从象征意义上评价奢侈品的品牌延伸，面对同一消费群体时奢侈品牌可以延伸至不相干的产品领域，说明奢侈品更容易进行品牌延伸；消费群体对于奢侈品的持续购买意愿较强。此外，从基于财务的观点来看，奢侈品定价较高、具有较强的溢价权，且消费者忠诚度高、品牌黏性较强，因此具备较大的利润空间和较高的营利能力。综上，无论是基于消费者、市场还是企业财务，奢侈品牌均具有普通品牌无可比拟的品牌资产。

公平理论（fairness theory）认为，负面事件的发生会引发人们进行反事实推断，人们会依据品牌是否能够控制事件的发生以及伦理与道德标准，判断品牌是否应该采取其实际已经采取的行动，若品牌行为不符合消费者的反事实推断，则会带来对品牌的负面评价。奢侈品拥有更高的品牌资产，并且建立了更加清晰和饱满的品牌形象，人们对其产生崇敬感和更高的期待。从企业社会责任的角度来看，在突发事件时期背景下奢侈品牌的一举一动更会受到社会的广泛关注，消费者对奢侈品企业会有一种应该承担社会责任的预期，而在这时，若奢侈品牌只关注自身利益，可能被消费者视为是缺乏道德感和社会责任的表现，未达成消费者的期望，伤害了消费者的情感，进而他们可能对采取营销手段的商家进行抵制。根据前文所述，突发事件引发消费者的恐惧与死亡焦虑，此时加强物质消费为一种有效的缓解机制，人们可能会进行奢侈品消费以维持内心的自尊，但回顾奢侈品牌的消费动机，即使此时购买奢侈品能够满足消费者社交层面上对于炫耀的追求和个人层面上对于享乐的期待，但奢侈品牌借势营销带来的品牌减损难以赋予消费者在社交层面上对于社会认同的渴求和在个人层面上对于自我表达的期望。因此，在突发事件期间奢侈品牌借势营销会对品牌造成负面影响，相应地，人们对于普通品牌会更加宽容。

在此基础上，提出如下假设：

H$_{4-1}$：奢侈品牌在突发事件后借势投放广告，会降低消费者对该奢侈品牌的态度，且相比普通品牌降低得更多。

4.3.2　消费者物质主义的调节作用

根据物质主义的定义和内涵，物质主义者热衷于物质的需求与欲望，通过对财物的追求来获得快乐。奢侈品所具有的炫耀、领先、从众、享乐和品质方面的价值，吸引着他们将奢侈品作为物质追求的最高境界。尤其是在突发事件发生后，根据恐惧管理理论，人们需要通过文化世界观防御和自尊提升两种途径削弱死亡带来的焦虑感。进行文化世界观防御的人希望自身行为与文化价值观一致，而进行自尊提升的人希望能获取更多社会认同，因而他们会加强人际交往，产生人际依赖。但物质主义者平时往往忽视人际交往，难以与人亲近，无法通过建立温暖的人际关系来获取对于死亡焦虑的补偿，因而转向物质消费这一"迷幻剂"以追寻缺失的自尊感。在死亡凸显效应下，物质主义者倾向于短期财富的获得而放弃长期利益的考量，更希望进行奢侈品消费，希望能够"及时行乐"。也就是说，在一般认知中，突发事件将更多地刺激物质主义者的奢侈消费欲望。

另外，物质主义者建立了更强的自我-品牌连接。他们把拥有金钱和财物作为生活的中心和毕生追求的目标，不仅是为了获得自身的满足和快乐，更会通过物质消费来赢得他人的尊重、彰显社会地位，通过品牌形象以传递自己的独特与品位。对他们而言，奢侈品不仅具有炫耀的快感和享乐的愉悦，更是一种身份地位、个人风格的象征，而这成为他们追求奢侈品消费的原始动力。

对于高物质主义者而言，他们与品牌建立了强连接，并寄希望于通过品牌来传递自身的身份信号，因而会更加在意品牌形象的减损，更加敏感地关注社会舆论对于品牌的负面评价，而较少对品牌在营销中所展现的品牌优势、所提供的品牌让利感到触动，因此，高物质主义者对于品牌借势营销更加厌恶。由于在社交上的障碍和情感上的缺失，高物质主义者更需要通过奢侈品消费来寻求社会认同与自尊提升，但奢侈品牌借突发事件营销后，社会公众认为品牌所在企业没有履行社会责任，对其形象感知会下降，品牌态度会降低，致使高物质主义者相比普通品牌更加激进地应对奢侈品牌借突发事件营销的风险和影响，加强对于奢侈品牌借势营销的厌恶。对低物质主义者而言，他们不大需要通过物质消费来应对死亡焦虑，也较少关注品牌的举动与舆论风评，品牌借势营销对他们而言没有太大的影响，奢侈品牌和普通品牌也不存在太大的差异。

在此基础上，提出如下假设：

$H_{4\text{-}2}$：消费者物质主义对于品牌借势营销对消费者品牌态度变化的影响有调节作用：高物质主义的消费者对于奢侈品牌（vs 普通品牌）借势营销的品牌态度下降更多；而低物质主义的消费者对于奢侈品牌和普通品牌借势营销的态度变化无显著差异。

4.3.3 品牌知名度的调节作用

品牌知名度是品牌知识的组成部分，也是重要的一项品牌资产。一般来说，品牌知名度越高，消费者认为其品牌形象更为成功立体，质量更有保障，是劣质品的风险较小，从而吸引消费者的购买，并且能够维持较高的品牌忠诚度。

但品牌知名度并非总能为品牌带来增益。上述论证提到，突发事件发生后，基于对死亡的恐惧和焦虑，若品牌借势营销选择的方式不当，则可能引发消费者对于企业"利己"行为的不满，对品牌产生负面的影响。与奢侈品牌相似，知名品牌具有较高的品牌资产，其品牌知名度本身就是品牌资产的组成部分和关键测量项，知名品牌掌握着更多的财务、市场与社会资源。人们对知名品牌进行推断时，认为知名品牌之所以能够取得当前的名气和声誉，都是在进行了大量营销推广后实现的，企业应具备较强的实力，回报社会的举动也应更加容易。根据公平理论，知名品牌在突发事件后没有顺应消费者期望，进行符合其身份的社会责任行为，可能会招致消费者的反感。因此，可以推测，知名品牌在突发事件下进行借势营销会降低消费者的品牌态度。

此外，对于高知名度品牌，消费者的品牌卷入度高，一旦品牌不当营销或发生危机事件，导致消费者对其产生负面评价时，其对品牌的危害程度远比正面信息对品牌的增益程度更大。由于媒体更热衷于报道负面消息，加之突发事件发生后媒体传播迅速、民众关注广泛，这种关于高知名度品牌的负面消息会得到更加快速的传播，发展为负面的舆论。相比于正面评价，消费者会对负面评价更加敏感，受到更深的影响。俗话说"好事不出门，坏事传千里"，便说明负面评价对高知名度品牌具有更大的危害性。

相反，人们更容易谅解低知名度品牌，因为其品牌资源相对匮乏，本身不具备制造热点的能力，消费者认为他们也没有太多的营销费用，需要承担的企业社会责任较少，回报社会也较为困难，借助突发事件进行营销也是无奈的选择。

在考虑品牌奢侈程度与品牌知名度的交互作用时，若品牌为奢侈品牌或知名品牌（即奢侈×高知名品牌，奢侈×低知名品牌，普通×高知名品牌），品牌的资产价值较高，品牌借突发事件营销后消费者的品牌态度下降较多；而品牌既非奢侈品牌又非知名品牌（普通×低知名品牌）时，出于对这类品牌借势营销的谅解，消费者的品牌态度下降不明显。

在此基础上，提出如下假设：

H_{4-3a}：品牌知名度对于品牌借势营销对消费者品牌态度变化的影响有调节作用：对于低知名度品牌，奢侈品牌（vs 普通品牌）借势营销造成的消费者品牌态度变化差异较大，奢侈品牌下降更多；而对于高知名度品牌，奢侈品牌与普通品牌借势营销造成的消费者品牌态度变化无显著差异。

H_{4-3b}：品牌知名度对于品牌借势营销对消费者购买意愿变化的影响有调节作用：对于低知名度品牌，奢侈品牌（vs 普通品牌）借势营销造成的消费者购买意愿变化差异较大，奢侈品牌下降更多；而对于高知名度品牌，奢侈品牌与普通品牌借势营销造成的消费者购买意愿变化无显著差异。

4.3.4 品牌真实性在消费者物质主义调节下的中介作用

突发事件会改变人们的心理架构，此时消费者的思维结构将变得狭窄，会尽量避免新鲜事物和大胆创新，而希望维持事物的原来状态，希望品牌的真实性得到延续。Spiggle 等（2012）在关于品牌延伸与消费者感知真实性的研究中指出，品牌围绕热点事件、突发事件进行营销，应首先以品牌真实性为出发点和评判标准，紧紧围绕品牌的内涵与内核，使消费者感知品牌是连贯的、可信的，具有内在一致性和外在一致性。在创新、巧妙之余也应维持品牌的调性和内核，以消费者的真实性感知为评判营销效果的标准之一。品牌在面对市场变化时，既要与时俱进，又要保持品牌核心的调性，寻求稳定与变化之间的平衡。

品牌真实性包含品牌的客观事实、消费者的主观意识以及消费者的价值动机三个维度的真实。对于奢侈品而言，品牌构建了内涵丰富的品牌知识与品牌风格，由于奢侈品牌往往历史悠久，这种品牌的形象往往是持续的、稳健的。具体而言，在客观主义维度上，奢侈品牌维持着设计风格、主要材质的一致性，对于产品理念、营销风格乃至传播受众都是相对固化的；在建构主义的维度上，消费者对于奢侈品牌的感知也是稳定的，他们往往根据自身的年龄、职业、社会地位而对奢侈品牌的定位有着自己独特且稳定的理解，即使奢侈品牌推出新产品、更换设计师、进行营销手段的创新，消费者仍能够根据自身理解对品牌是否偏离内核进行判断；而在存在主义的观点上，消费者对于品牌真实性的追求源于自身身份和意义的缺失，消费者将自己投射于品牌上，通过奢侈品来反映真实的自我，实现对自己个人风格的表达。

奢侈品消费的原始逻辑，并非使用价值和交换价值，而是一种符号价值，是一种对于个人社会价值、种族、爱好、品位的象征。高物质主义者建立了自我-品牌连接，希望通过品牌特别是奢侈品牌传递自身的理念和价值观。高物质主义者对于自我身份和人际交往的缺失，必然导致了他们对于品牌真实性的追逐，他们首先希望品牌的内核与他们的理念相契合，其次希望品牌能够连贯一致地维持品牌调性，从而能够借此物品符号来创造或维持对自身形象和理念的认同，持续地通过奢侈品牌来传达出他们领先于他人的品位。在这样的逻辑下，相比普通品牌，奢侈品牌做出不符合品牌调性的借势营销行为，没有承担品牌定位所对应的社会责任，会更加招致物质主义者对其品牌不再能反映真实自我的考量，对品牌真实性产生怀疑。

品牌真实性能够对消费者的品牌态度产生积极影响，较低的品牌真实性感知则会导致消费者认为品牌在营销传播的过程中丧失了品牌本身的调性，失去了初心，从而导致品牌态度的下降。

在此基础上，提出如下假设：

H₄₋₄: 借势营销时品牌奢侈程度和消费者物质主义程度的交互作用产生的品牌态度下降程度的差异，是由感知品牌真实性导致的。

4.3.5　品牌真实性在品牌知名度调节下的中介作用

研究表明，顾客的真实性感知将对其品牌知名度产生积极影响。相应地，品牌知名度的差异也会导致消费者在品牌传播过程中真实性感知的差异。钟帅等（2021）在其研究中指出，相比低知名度品牌，消费者对高知名度品牌的社会责任行为抱有更多的"应有之情"；张睿璇（2021）认为，对于高知名度品牌，消费者倾向于认为品牌会更"爱惜羽毛"。在突发事件后，若高知名度品牌借势营销，消费者认为其钻营取巧、利己盈利的行为与平日里树立的高大的品牌形象、可信赖的品牌声誉、知名的品牌地位严重不符，从而认为品牌的营销行为与其内核不一致，对品牌真实性产生怀疑。对于低知名度品牌，消费者则认为品牌原本就是不知名的，所能承担的社会责任不多，即使借势营销也是符合自身定位的，不会有期望上的落差感，因而不会否定品牌的真实性。

品牌真实性不仅会对品牌态度产生影响，也会影响消费者的购买意愿，较低的品牌真实性感知会降低消费者的品牌态度和购买意愿。

在此基础上，提出如下假设：

H_{4-5a}: 借势营销时品牌奢侈程度和品牌知名度的交互作用对人们品牌态度的影响差异，是由感知品牌真实性导致的。

H_{4-5b}: 借势营销时品牌奢侈程度和品牌知名度的交互作用对人们购买意愿的影响差异，是由感知品牌真实性导致的。

根据以上五个假设，构建如图 4-1 所示的理论模型图。本章的研究情境为突发事件，自变量是奢侈品牌或普通品牌的借势营销，调节变量为消费者物质主义和品牌知名度，中介变量为品牌真实性感知，因变量为消费者的品牌态度。

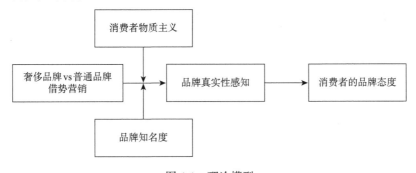

图 4-1　理论模型

4.4 品牌借势营销的实验及结果

4.4.1 实验一

1. 实验目的

实验一通过操纵不同品牌类型，比较奢侈品牌和普通品牌借势营销后消费者的品牌态度变化差异，探究消费者对奢侈品牌的品牌态度下降，以验证主效应 H_{4-1}。

2. 实验方法

1）实验设计

实验一采用单因素组间设计（品牌类型：奢侈品牌 vs 普通品牌）。共有 154 名上海某知名高校学生参与了实验，其中女性占比为 38.3%。

2）操纵材料

突发事件。实验一以某突发交通事故作为突发事件情境，作为一场"飞来横祸"，该事件瞬时发生、伤亡惨重，引起了舆论的巨大关注和民众的广泛讨论，也引发了人们的死亡恐惧，能够较好展现突发事件下品牌借势营销与消费者选择的关系，获得较好的刺激效果。

借势营销。本实验选择汽车作为产品品类，在动车事故发生后在社交平台进行借势营销。奢侈品牌组被告知品牌 X 为奢侈汽车品牌，普通品牌组被告知品牌 Y 为普通汽车品牌。两组被试阅读两个不同的材料，两组的营销语言和图片要素完全一致。奢侈品牌组/普通品牌组的营销广告语为"出行安全应得到重视，许多悲剧本可以避免。制动灵活、结构吸能、安全性能无与伦比，品牌 X/品牌 Y 为每一次出行保驾护航"。

3）实验步骤

被试被随机分配到奢侈品牌组和普通品牌组，首先测量被试对于品牌的初始品牌态度，该测量选自 Amaral 和 Loken（2016）的研究，共有两个题项，请被试对"相比其他品牌，我更喜欢××品牌""我非常喜欢该品牌"说法的认同程度打分（1=非常不认同；7=非常认同）。其次，被试阅读突发事件相关的背景信息，并阅读不同品牌类型在突发事件发生后发布的借势营销广告，根据上述实验操纵方法对被试分别进行操纵。最后，测量消费者阅读借势营销广告后的品牌态度，计算前后品牌态度的差异。

此外，请被试对品牌奢侈程度的操纵进行操纵检验，询问消费者"在多大程度上认同该品牌为奢侈品牌"（1=非常不认同；7=非常认同）。

最后，进行人口统计学信息的测量，请被试回答性别、年龄和受教育情况的相关问题。

3. 数据分析

1）操纵检验

对于两类品牌类型而言，被试对奢侈品牌和普通品牌的判断存在显著差异 $[M_{奢侈品牌}=5.04，SD=0.15；M_{普通品牌}=3.00，SD=0.15；F(1，152)=91.696，p=0.000<0.05]$，说明奢侈程度被成功操控。

2）品牌态度变化

计算消费者在看到品牌借势营销广告前后的品牌态度差异，单因素方差分析（ANOVA）显示，奢侈品牌组的品牌态度比普通品牌组下降得更多，且差异显著 $[M_{奢侈品牌}=-0.78，SD=0.12；M_{普通品牌}=-0.39，SD=0.12；F(1，152)=5.072，p=0.026<0.05]$。说明对于奢侈品牌而言，消费者对其品牌态度的下降程度更高，能够验证主效应，如图 4-2 所示。

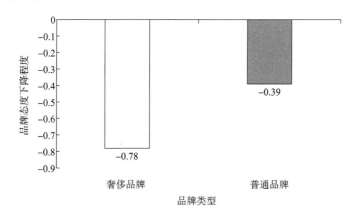

图 4-2　不同品牌类型借势营销后消费者对品牌态度变化的差异

4. 结果讨论

实验一操纵了不同的品牌类型（奢侈品牌 vs 普通品牌）进行对比分析。研究选取动车事故作为操纵的情境，动车事故属于突发事件中事故灾难里的交通运输事故，能够较好地代表突发事件，结合事故特点选取汽车作为产品品类，具有较好的刺激效果。

本实验首先证明了品牌借突发事件营销后消费者态度会有所下降，并进一步说明奢侈品牌相比普通品牌借势营销，消费者的品牌态度下降更多。实验一能够充分验证 H_{4-1}，即奢侈品牌在突发事件后借势投放广告，会降低消费者对该奢侈品牌的态度，且相比普通品牌降低得更多。

4.4.2   实验二

1. 实验目的

实验二将在新的操纵情境下，探究消费者物质主义对于不同类型品牌借势营销对消费者态度影响的调节作用，以验证 H_{4-2}，即高物质主义消费者加强了对不同类型品牌借势营销的厌恶，对奢侈品牌借势营销的厌恶更深。

2. 实验方法

1）实验设计

实验二采用 2（品牌类型：奢侈品牌 vs 普通品牌）×2（消费者物质主义程度：高物质主义 vs 低物质主义）的双因素组间设计。共有 153 名上海某知名高校学生参与了实验，其中女性占比为 48.4%。

2）操纵材料

突发事件。实验二以某洪涝灾害作为突发事件情境，由于该事件为真实事件，且对人民的生命财产安全造成了重大威胁和影响，选择此情境能够拉近消费者的心理距离，获得较好的刺激效果。本实验选择巧克力作为产品品类，结合洪灾及巧克力的共同特点在社交平台进行借势营销。

借势营销。奢侈品牌组被告知：品牌 X 以手工制作、口感浓郁著称，被称为"巧克力中的劳斯莱斯"，为奢侈巧克力品牌。普通品牌组被告知：品牌 Y 使用代可可脂机器加工，为普通巧克力品牌。奢侈品牌组和普通品牌组阅读两个不同的材料，两组的营销语言和图片要素完全一致。奢侈品牌组/普通品牌组的操纵材料为"品牌 X/品牌 Y 心系南方洪涝灾害灾情，让我们用流心巧克力的甜慰藉洪水无情流淌的痛，即刻前往官网选购可享 9 折优惠，并可获得'洪'限定包装"。

物质主义。利用想象范式操纵消费者的物质主义，该方式改编自杨蕊蕊（2018）研究中对于物质主义的操纵方法。其中，被分配到实验组的被试被要求回答关于物质主义的相关问题"请想象并写出目前自己最想拥有的物质商品（3 件以上），并写出关于拥有这些物品的好处；如果你收到一笔数量可观且可以随意花费的金钱，请列出自己使用这笔钱采购的物品清单（至少 5 件）"；被分配到控制组的被试被要求回答与物质主义无关的问题："请列出自己从宿舍到校门的几种出行方案，并写下经过的建筑；请从以上你所写的方案中选择一种出行方案，并陈述选择此方案的理由。"

3）实验步骤

第一，对被试进行不同物质主义程度的操纵。被试被随机分配到物质主义的实验组和控制组，进行相关操纵。

第二，被试被随机分配到奢侈品牌组和普通品牌组，阅读相关品牌介绍及不同品牌在突发事件发生后发布的借势营销广告，见上述操纵材料。

第三，测量消费者阅读借势营销广告后的品牌态度，测量方法同实验一，题项为"相比其他品牌，我更喜欢××品牌""我非常喜欢该品牌"（1=非常不认同；7=非常认同）。

第四，对品牌奢侈程度和消费者物质主义程度的操纵分别进行操纵检验。品牌奢侈程度操纵检验量表，询问消费者"在多大程度上认同该品牌为奢侈品牌"（1=非常不认同；7=非常认同）。消费者物质主义程度操纵检验量表，改编自 Richins（2004）的量表，为简化操纵检验的测量题项，使用其 centrality 分量表进行测量。该分量表能够反映消费者对于生活与物质产品的整体观点，直接反映消费者的物质主义程度，契合借势营销情境下的消费者选择。该量表共五个题项，具体为"我努力使我们生活和我拥有的东西简单""我拥有的东西对我没那么重要""消费能够使我愉悦""我喜欢生活中拥有很多奢侈品""和身边的很多人相比，我不太看重物质"（1=非常不认同；7=非常认同，其中第一项、第二项及第五项为反向题项，在后续数据分析时将对其反向编码）。

最后进行人口统计学信息的测量，请被试回答性别、年龄和受教育情况的相关问题。

3. 数据分析

1）操纵检验

对于两类品牌类型而言，被试对奢侈品牌和普通品牌的判断存在显著差异[$M_{奢侈品牌}$=4.47，SD=0.20；$M_{普通品牌}$=3.20，SD=0.19；$F(1, 151)$=21.696，p=0.000<0.05]，说明奢侈程度被成功操控。

对于消费者的物质主义程度，在操纵后消费者对于自身物质主义的判断存在显著差异[$M_{高物质主义}$=3.33，SD=1.19；$M_{低物质主义}$=3.00，SD=0.87；$F(1, 151)$=4.056，p=0.046<0.05]，说明利用想象范式操纵消费者的物质主义程度较为成功。

2）物质主义的调节作用

为探究品牌类型和消费者物质主义程度对品牌态度的影响作用，进行 2（品牌类型：奢侈品牌 vs 普通品牌）×2（消费者物质主义程度：高物质主义 vs 低物质主义）的组间分析，采用 Spotlight Analysis 进行分析。在 Process 模型 1 中，设置置信区间为 95%、Bootstrap 样本为 5 000。

结果显示，当性别作为控制变量时，品牌类型×消费者物质主义程度的交互作用显著（β=-1.045，t=-1.977，p=0.050）。结果如图 4-3 所示。当消费者为高物质主义时，消费者对奢侈品牌借势营销的品牌态度显著低于对普通品牌的品牌态度（$M_{奢侈品牌}$=2.53，$M_{普通品牌}$=3.70，β=-1.162，p=0.003<0.05），高物质主义者对奢侈品牌借势营销更加厌恶。当消费者物质主义程度较低时，消费者对奢侈品牌借势营销和普通品牌借势营销的影响无显著差异（$M_{奢侈品牌}$=3.29，$M_{普通品牌}$=3.41，β=-0.117，p=0.752>0.05）。

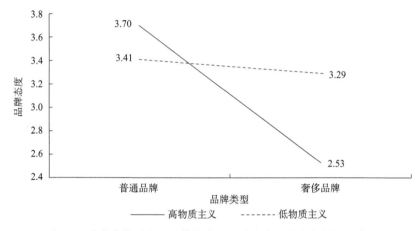

图 4-3　消费者物质主义对借势营销后消费者品牌态度的调节作用

4. 结果讨论

实验二采用 2（品牌类型：奢侈品牌 vs 普通品牌）×2（消费者物质主义程度：高物质主义 vs 低物质主义）双因素组间设计。对于消费者的物质主义程度，采取分组操纵的方式，以激发被试不同的物质主义程度。研究选取洪涝灾害作为操纵的情境，洪涝灾害是突发事件中自然灾害的一种，能够较好地代表突发事件，结合洪涝灾害特点选取巧克力作为产品品类，具有较好的刺激效果。

本实验采用 Spotlight Analysis，将性别作为控制变量，消费者物质主义在不同品牌借势营销引发的消费者品牌态度上具有显著的调节作用，验证了 H_{4-2}。具体而言，高物质主义的女性消费者对于奢侈品牌（vs 普通品牌）借势营销的品牌态度下降更多，而低物质主义的女性消费者对于奢侈品牌和普通品牌借势营销的态度变化无显著差异。这一调节作用受到了性别的影响，对女性消费者而言，高物质主义者的调节效应显著，说明女性高物质主义者更关注品牌与自身的连接，能够更敏锐地捕捉品牌形象的变化。

4.4.3　实验三

1. 实验目的

实验三在实验二的基础上，进一步探究消费者物质主义对于不同类型品牌借势营销对消费者态度影响的调节作用，同时探究消费者感知的品牌真实性的中介作用。在进一步验证 H_{4-2} 的基础上，探究 H_{4-4} 是否成立。

在具体方法上，不同于实验二对消费者进行分组、操纵不同程度的物质主义，本实验对消费者的物质主义程度直接进行量表测量，从而消除消费者自身特质对操纵稳定性的影响，更好地呈现消费者实际的物质主义程度。此外，在因变量测量上也进行了改进，测量消费者操纵前后的品牌态度差异，从而消除消费者对品牌固有偏好对于测量的影响。

2. 实验方法

1）实验设计

实验三采用 2（品牌类型：奢侈品牌 vs 普通品牌）×2（消费者物质主义程度：高物质主义 vs 低物质主义）的双因素组间设计，其中消费者物质主义程度采用量表进行测量。共有 152 名上海某知名高校学生参与了实验，其中女性占比为 52.6%。

2）操纵材料

突发事件。实验三以某重大道路交通安全事件作为实验情境，该事件的发生造成了严重的伤亡，且瞬时发生、打破了周边居民原本平静的生活，能够对人们心理建构产生深刻的影响，引发死亡恐惧，具有较好的操纵效果。

借势营销。选择包袋作为刺激物品类，是由于包袋是最为普遍的奢侈消费的选择，而我们的实验对象也是其潜在消费群体。奢侈品牌组被告知品牌 X 以独特的创意设计、精湛的手工工艺著称，是时尚奢侈品牌。普通品牌组被告知品牌 Y 以独特的创意设计、稳定的品质著称，是时尚普通品牌。奢侈品牌组和普通品牌组对应两个不同的阅读材料，两组的营销语言和图片要素完全一致。奢侈品牌组/普通品牌组的操纵材料为"品牌 X/品牌 Y 为爆炸事故遇难者哀悼祈福，同时品牌 X/品牌 Y 限时推出'爆炸'折扣，立即前往品牌 X/品牌 Y 官网下单，输入优惠码 explosionsale，即享限时特别优惠"。

3）实验步骤

被试被随机分配到奢侈品牌组和普通品牌组。

第一，测量被试对于品牌的初始品牌态度。

第二，被试阅读所在实验组内品牌的介绍，及该品牌在突发事件发生后发布的借势营销广告，根据上述实验操纵方法对被试分别进行操纵。

第三，测量消费者阅读借势营销广告后的品牌态度，计算前后品牌态度的差异。该测量题项为"相比其他品牌，我更喜欢××品牌""我非常喜欢该品牌"，消费者对各题项的认同程度打分（1=非常不认同；7=非常认同）。

第四，测量消费者对品牌真实性的感知程度。品牌真实性量表改编自 Morhart 等（2015），分为品牌延续性、品牌诚信度、品牌正直感、品牌的象征意义四个子量表，具体包括该品牌"历史悠久""是永恒的品牌""能在时代变迁中生存"等15个题项，消费者对各题项的认同程度打分（1=非常不认同；7=非常认同）。

第五，测量消费者的物质主义程度。物质主义量表改编自 Richins（2004），分为成功、中心、幸福三个子量表，具体包括"我羡慕那些拥有豪宅豪车和昂贵衣服的人""人比较重要的一项成就包括获取物质财富""我很少用物质拥有的多少去衡量人们是否成功（反向）"等15个题项，消费者对各题项的认同程度打分（1=非常不认同；7=非常认同。对于反向题项将在后续数据分析时进行反向编码）。

第六，对品牌奢侈程度的操纵进行操纵检验，"在多大程度上认同该品牌为奢侈品牌"（1=非常不认同；7=非常认同）。

最后进行人口统计学信息的测量，请被试回答性别、年龄和受教育情况的相关问题。

3. 数据分析

1）操纵检验

对于两类品牌类型而言，被试对奢侈品牌和普通品牌的判断存在显著差异 $[M_{奢侈品牌}=5.87$，SD=1.01；$M_{普通品牌}=4.29$，SD=1.56；$F（1，150）=54.590$，$p=0.000<0.05]$，说明奢侈程度被成功操控。

2）物质主义的调节作用

实验三采用了 2（品牌类型：奢侈品牌 vs 普通品牌）×2（消费者物质主义程度：高物质主义 vs 低物质主义）的双因素组间设计，消费者物质主义程度由量表进行测量，因此在分析品牌类型与消费者物质主义程度对品牌态度的交互影响时，采用 Spotlight Analysis 进行分析。在 Process 模型 1 中，设置置信区间为 95%、Bootstrap 样本为 5 000。

结果显示，品牌类型×消费者物质主义程度的交互作用显著（$\beta=-0.816$，$t=-2.537$，$p=0.012<0.05$）。具体而言，当消费者为高物质主义（M_{+1SD}）时，消费者对奢侈品牌借势营销品牌态度的下降显著多于普通品牌（$M_{奢侈品牌}=-2.50$，$M_{普通品牌}=-1.55$，$\beta=-0.955$，$p=0.024<0.05$），高物质主义者对奢侈品牌借势营销更加厌恶。当消费者为低物质主义（M_{-1SD}）时，消费者对奢侈品牌借势营销和普通品牌借势营销的态度变化无显著差异（$M_{奢侈品牌}=-0.95$，$M_{普通品牌}=-1.25$，$\beta=0.305$，$p=0.312>0.05$），如图 4-4 所示。

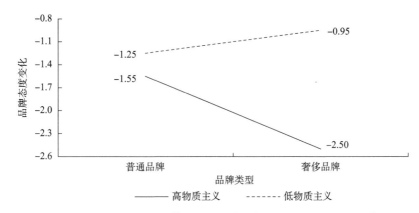

图 4-4　消费者物质主义对借势营销后消费者品牌态度变化的调节作用

3）品牌真实性的中介作用

在消费者物质主义程度的调节下，验证品牌真实性的中介作用是否成立。在 Process 模型 7 中，设置置信区间为 95%、Bootstrap 样本为 5 000。

结果显示，当消费者物质主义作为调节变量时，品牌真实性在消费者对不同品牌借势营销的品牌态度变化中所起到的中介作用显著（$b=-0.675$，$SE=0.299$，$LLCI=-1.275$，$ULCI=-0.103$）。在控制中介变量品牌真实性后，品牌类型对于借势营销后消费者态度变化的影响不再显著（$b=-0.028$，$SE=0.124$，$LLCI=-0.218$，$ULCI=0.273$），这说明品牌真实性的中介效应存在，且为完全中介作用。

具体而言，对于高物质主义者（M_{-1SD}），品牌类型经由品牌真实性对于借势营销后的消费者态度变化影响是显著的（$b=-0.878$，$SE=0.299$，$LLCI=-1.470$，$ULCI=-0.306$）；对于低物质主义者（M_{+1SD}），品牌类型经由品牌真实性对于借势营销后的消费者态度变化影响不显著（$b=0.162$，$SE=0.247$，$LLCI=-0.308$，$ULCI=0.664$）。

4. 结果讨论

与实验二相似，实验三采用 2（品牌类型：奢侈品牌 vs 普通品牌）×2（消费者物质主义程度：高物质主义 vs 低物质主义）双因素组间设计。对于消费者的物质主义程度，采取量表测量的方式，从不同维度验证消费者物质主义的调节作用。研究选取爆炸事故作为操纵的情境，爆炸事故是突发事件中的典型事故灾难；而结合爆炸事故特点选取奢侈品包袋作为产品品类，借机提供折扣，丰富了借势营销的内涵，具有较好的刺激效果。

本实验采用 Spotlight Analysis，证明品牌类型×消费者物质主义程度的交互作用显著，在实验二的基础上进一步验证了 H_{4-2}，即高物质主义的消费者对于奢侈品牌（vs 普通品牌）借势营销的品牌态度下降更多；而低物质主义的消费者对于奢侈品牌和普通品牌借势营销的态度变化无显著差异。

在证明消费者物质主义交互作用的基础上，本实验进一步验证了品牌真实性的完全中介作用，即验证了 H$_{4-4}$：借势营销时品牌奢侈程度和消费者物质主义程度的交互作用产生的品牌态度下降程度的差异，是由感知品牌真实性导致的。

4.4.4　实验四

1. 实验目的

实验四引入品牌知名度变量，从品牌特性的视角，探究其对于不同类型品牌借势营销对消费者态度影响的调节作用，主要验证 H$_{4-3}$，即对于高知名度品牌，奢侈与普通品牌借势营销造成的消费者购买意愿差距不大；对于低知名度品牌，奢侈与普通品牌借势营销造成的消费者购买意愿差距较大，普通品牌的购买意愿较高。此外，实验四一并验证了在品牌知名度调节作用下，消费者感知的品牌真实性对于品牌态度的中介作用，即验证了 H$_{4-5}$。

在具体方法上，继续沿用实验三对于因变量测量的改进，测量了消费者操纵前后的品牌态度差异。另外，补充测量消费者的购买意愿差异，将因变量由消费者的品牌态度延伸至购买意愿，验证消费者物质主义对于奢侈品牌借势营销的交互影响，从态度层面延伸至行为层面，从而更直观地反映了借势营销与消费者特质的交互作用结果，更深入地验证了相关假设，使结论更具实践意义。

2. 实验方法

1）实验设计

实验四采用 2（品牌类型：奢侈品牌 vs 普通品牌）×2（品牌知名度：高知名度 vs 低知名度）双因素组间设计。共有 147 名上海某知名高校学生参与了实验，其中女性占比为 55.8%。

2）操纵材料

实验四与实验三在操纵设计上保持一致，以突发交通安全事故作为实验情境，根据实验三实验结果，该操纵情境具有较好的效果。选择包袋作为刺激物品类，将包袋品牌 A 作为奢侈×高知名品牌，品牌 B 作为奢侈×低知名品牌，品牌 C 作为普通×高知名品牌，品牌 D 作为普通×低知名品牌，各组被试阅读关于品牌的介绍。

2×2 组间设计对应四组不同的阅读材料，四组品牌控制营销语言和图片要素完全一致。操纵材料与实验三保持一致，具体如下："品牌 A、品牌 B、品牌 C、品牌 D 为爆炸事故遇难者哀悼祈福，同时品牌 A、品牌 B、品牌 C、品牌 D 限时推出'爆炸'折扣：立即前往官网下单，输入优惠码 explosionsale，即享限时特别优惠。"

3）实验步骤

被试被随机分配到四个品牌组中。

第一，测量被试对于品牌的初始品牌态度和购买意愿。

第二，被试阅读所在实验组内品牌的介绍以及该品牌在自然灾害事件背景下的品牌营销广告，根据上述实验操纵方法对被试分别进行操纵。

第三，测量消费者阅读借势营销广告后的品牌态度和购买意愿，计算前后品牌态度与购买意愿的差异。该测量包括品牌态度的两个题项"相比其他品牌，我更喜欢××品牌""我非常喜欢该品牌"和购买意愿的两个题项"我愿意购买××的产品""我购买××产品的可能性较大"，消费者对各题项的认同程度打分（1=非常不认同；7=非常认同）。

第四，测量消费者对品牌真实性的感知程度。品牌真实性量表与实验三使用的量表一致，具体包括该品牌"历史悠久""是永恒的品牌""能在时代变迁中生存"等 15 个题项，消费者对各题项的认同程度打分（1=非常不认同；7=非常认同）。

第五，对品牌奢侈程度、知名程度的操纵进行操纵检验，题项为"在多大程度上认同该品牌为奢侈品牌""在多大程度上认同该品牌为知名品牌"（1=非常不认同；7=非常认同）。

最后进行人口统计学信息的测量，请被试回答性别、年龄和受教育情况的相关问题。

3. 数据分析

1）操纵检验

对于两类品牌类型而言，被试对奢侈品牌和普通品牌的判断存在显著差异 [$M_{奢侈品牌}$=4.33，SD=2.06；$M_{普通品牌}$=2.96，SD=1.66；$F(1, 145)$=19.898，p=0.000<0.05]，说明奢侈程度被成功操控。

对于品牌知名度而言，被试对于高知名度品牌和低知名度品牌的判断存在显著差异[$M_{高知名度}$=4.80，SD=1.76；$M_{低知名度}$=3.15，SD=1.69；$F(1, 145)$=33.508，p=0.000<0.05]，说明知名程度被成功操纵。

2）品牌知名度的调节作用

实验四采用了 2（品牌类型：奢侈品牌 vs 普通品牌）×2（品牌知名度：高知名度 vs 低知名度）的双因素组间设计，在分析品牌类型与品牌知名度对于品牌态度的交互影响时，采用 Spotlight Analysis 的 Process 模型 1 进行分析，将置信区间设置为 95%、Bootstrap 样本设置为 5 000。

结果显示，当以品牌态度作为因变量时，品牌类型×品牌知名度的交互作用显著（ β =0.872， t =1.992， p =0.048<0.05）。具体而言，当品牌为低知名度品牌时，消费者对奢侈品牌借势营销品牌态度的下降显著多于对普通品牌（ $M_{奢侈品牌}$ =-1.93， $M_{普通品牌}$ =-0.78， β =-1.153， p =0.000<0.05）。当品牌为高知名度品牌时，消费者对奢侈品牌借势营销和普通品牌借势营销的态度变化无显著差异（ $M_{奢侈品牌}$ =-1.99， $M_{普通品牌}$ =-1.71， β =-0.281， p =0.361>0.05），均下降较多，如图4-5所示。

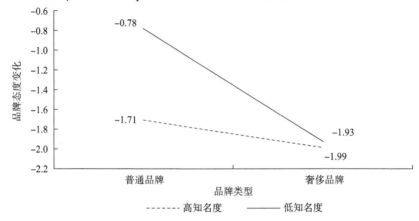

图4-5　品牌知名度对借势营销后消费者品牌态度变化的调节作用

当以购买意愿作为因变量时，品牌类型×品牌知名度的交互作用同样显著（ β =0.994， t =2.149， p =0.033<0.05）。具体而言，当品牌为低知名度品牌时，消费者对奢侈品牌借势营销购买意愿的下降显著多于对普通品牌（ $M_{奢侈品牌}$ =-1.86， $M_{普通品牌}$ =-0.78， β =-1.083， p =0.001<0.05），减少了对奢侈品牌借势营销的购买意愿。当品牌为高知名度品牌时，消费者对奢侈品牌借势营销和普通品牌借势营销后购买意愿的变化无显著差异（ $M_{奢侈品牌}$ =-2.00， $M_{普通品牌}$ =-1.91， β =-0.090， p =0.782>0.05），均下降较多，如图4-6所示。

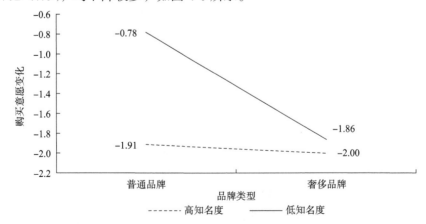

图4-6　品牌知名度对借势营销后消费者购买意愿变化的调节作用

3）品牌真实性的中介作用

在品牌知名度的调节下，验证品牌真实性的中介作用是否成立。在 Process 模型 7 中，设置置信区间为 95%、Bootstrap 样本为 5 000。

结果显示，当消费者的品牌态度变化作为因变量，以品牌知名度作为调节变量时，品牌真实性在消费者对不同品牌借势营销的品牌态度变化中所起到的中介作用显著（$b=0.966$，SE=0.377，LLCI=0.201，ULCI=1.682）。在控制中介变量品牌真实性后，品牌类型对于借势营销后消费者态度变化的影响不再显著（$b=-0.002$，SE=0.118，LLCI=-0.236，ULCI=0.231），这说明品牌真实性的中介效应存在，且为完全中介作用。具体而言，对于低知名度品牌，品牌类型经由品牌真实性对于借势营销后的消费者态度变化影响是显著的（$b=-1.200$，SE=0.260，LLCI=-1.742，ULCI=-0.713）；对于高知名度品牌，品牌类型经由品牌真实性对于借势营销后的消费者态度变化影响不显著（$b=-0.234$，SE=0.269，LLCI=-0.766，ULCI=0.276）。

当消费者的购买意愿变化作为因变量，以品牌知名度为调节变量时，品牌真实性在消费者对不同品牌借势营销的购买意愿变化中所起到的中介作用显著（$b=1.024$，SE=0.394，LLCI=0.254，ULCI=1.817）。在控制中介变量品牌真实性后，品牌类型对于借势营销后消费者购买意愿变化的影响不再显著（$b=0.174$，SE=0.128，LLCI=-0.080，ULCI=0.428），这说明品牌真实性的中介效应存在，且为完全中介作用。具体而言，对于低知名度品牌，品牌类型经由品牌真实性对于借势营销后的消费者购买意愿变化影响是显著的（$b=-1.273$，SE=0.272，LLCI=-1.823，ULCI=-0.754）；对于高知名度品牌，品牌类型经由品牌真实性对于借势营销后的消费者购买意愿变化影响不显著（$b=-0.248$，SE=0.286，LLCI=-0.818，ULCI=0.307）。

4. 结果讨论

实验四采用了 2（品牌类型：奢侈品牌 vs 普通品牌）×2（品牌知名度：高知名度 vs 低知名度）的双因素组间设计。研究选取了与实验三一致的爆炸事故作为操纵的情境，具有较好的刺激效果。在对因变量的测量中，将消费者的品牌态度延伸至购买意愿，丰富了研究的结论。

本实验采用 Spotlight Analysis，首先证明品牌类型×品牌知名度的交互作用显著，能够验证 H_{4-3}：品牌知名度对于品牌借势营销对消费者品牌态度/购买意愿变化的影响有调节作用，对于低知名度品牌，奢侈品牌（vs 普通品牌）借势营销造成的消费者品牌态度/购买意愿变化差距较大，奢侈品牌下降更多；而对于高知名度品牌，奢侈品牌与普通品牌借势营销造成的消费者品牌态度/购买意愿变化无显著差异。

在证明品牌知名度交互作用的基础上，本实验进一步验证了品牌真实性的完全中介作用，即验证了 H_{4-5}：品牌奢侈程度和品牌知名度的交互作用对人们品牌态度/购买意愿的影响差异，是由感知品牌真实性导致的。

4.5　本　章　小　结

4.5.1　研究结论

本章聚焦突发事件下品牌借势营销这一实际问题，选取奢侈品牌作为研究的具体对象，通过与普通品牌的对比分析，回答了奢侈品牌是否应该借势营销、何种品牌适合借势营销、面对什么样的消费群体适合借势营销的问题，并探究了其背后的解释机理。本章研究主要运用了恐惧管理理论、归因理论、公平理论，通过实验分析法依次验证提出的主要假设，综合而言，得到了以下主要结论。

第一，验证了突发事件下奢侈品牌借势营销的消极影响，这种影响相比普通品牌更甚。研究表明，对奢侈品牌而言，利用突发事件来提升自身的品牌知名度或进行推广促销并非明智之举，无论采取何种"巧妙"的营销方式，都容易使消费者在这种情境下感知品牌的"利己"主义。即使突发事件的死亡凸显效应给消费者带来了对于奢侈品更高的消费欲望，品牌也不该滥用这种"红利"，导致品牌形象受损。对普通品牌而言，这种消极影响存在但不强，但从积极的层面上而言，能够在短时间内吸引较大的关注。

第二，验证了不同的消费群体能够对奢侈品牌借势营销对品牌态度的影响产生调节作用。研究表明，与人们的直觉相反，高物质主义者不仅不会在奢侈品牌借突发事件营销后更加狂热，反而相比低物质主义者更"不买账"。高物质主义者希望能够通过奢侈品来传递自身身份信号，他们会更加在意品牌形象的减损，更加敏感地关注社会舆论对于品牌的负面评价，而奢侈品牌借势营销所带来的积极方面——品牌推广、品牌让利则在此时对高物质主义者失效了，因而对于奢侈品牌借势营销的厌恶更深。对低物质主义者而言，由于其本身对品牌的关注不多，也不需要通过消费来进行自我表达，所以厌恶的效应不强。

第三，验证了不同程度的品牌知名度能够对奢侈品牌借势营销对品牌态度的影响产生调节作用。知名度作为品牌资产的重要内容，在品牌类型上对品牌奢侈程度进行了维度上的补充。研究表明，当品牌为奢侈品牌或知名品牌（即奢侈×高知名品牌，奢侈×低知名品牌，普通×高知名品牌）时，品牌均不适合借突发事件营销。当品牌既非奢侈品牌又非知名品牌（即普通×低知名品牌）时，这种厌恶的效应不显著。

第四，验证了品牌奢侈程度和消费者物质主义程度的交互作用产生的品牌态度下降程度的差异、品牌奢侈程度和品牌知名度的交互作用对人们品牌态度的影响差异，均是由感知品牌真实性导致的。研究引入品牌真实性这一重要构念，通过回顾真实性三个层次的内涵，分析不同消费群体在面对不同品牌类型借势营销时的心理机制。研究表明，对高物质主义者，奢侈品牌相比普通品牌借势营销使得消费者感知品牌真实性更低，消费者的品牌态度下降更多；对于低知名度品牌，消费者对奢侈品牌借势营销后的感知品牌真实性低于普通品牌借势营销，消费者的品牌态度下降更多。

4.5.2　研究贡献

1. 理论贡献

第一，本章对突发事件的概念进行了系统梳理，运用恐惧管理理论、归因理论、公平理论等进行逻辑推理，结合实验结果，探讨突发事件对消费者的具体影响。具体而言，在突发事件发生后，根据恐惧管理理论，人们会更渴望进行奢侈品消费以维护自尊；但此时人们的心理结构变得狭窄，希望事物维持原来状态，渴望品牌真实性的延续，从而可能对品牌此时的借势营销行为较为厌恶；而根据归因理论、公平理论，品牌尤其是奢侈品牌暴露了其"利己"动机，消费者认为其不应该在此时借势营销。研究充分解答了突发事件下消费者对奢侈品的渴望和在思维结构变狭窄后对奢侈品借势营销的抗拒这一关键矛盾，围绕突发事件对消费者心理的影响对品牌借突发事件传播策略的效果进行了深入探讨，丰富了突发事件管理理论的内涵和外延。

第二，将借势营销这一热点现象理论化、科学化，借势营销为近几年企业营销管理实践中的热点话题，但相关理论不足、实证研究少，尤其是在突发事件这一特定情境下的借势营销，尚未形成系统的、科学的研究体系。本章解释并阐明了借势营销的意义与内涵，将借势营销运用于突发事件情境中，弥补了学界在品牌借突发事件营销相关研究的局限。一方面，品牌借势营销可以提升知名度；另一方面，不当营销可能对品牌形象产生负面影响。研究充分考虑借势营销的积极与消极影响，结合不同品牌类型的传播特点，回答了不同类型的品牌是否应该借势营销的关键问题，深入探究突发事件下品牌借势营销对消费者的影响。

第三，将消费者行为领域的品牌真实性概念运用到借势营销这一情境中，构建了创新的理论模型，拓展了品牌真实性的应用场景。通过回顾真实性三个层次的内涵，分析不同消费群体在面对不同品牌类型借势营销时的心理机制，为品牌真实性的相关研究提供了实证依据和理论补充。

第四，在消费者物质主义这一调节变量的运用上，进行了反常识的推理。一般而言，人们倾向于认为高物质主义者会将物质作为自己的毕生追求，而在突发事件引发死亡焦虑的情况下，更可能加强对于奢侈品牌的购买。但既有研究忽视了物质主义者追求财物的另外一种心理机制，即通过奢侈消费获取社会认同、通过品牌表达个人情感表达，而奢侈品牌借突发事件营销则使得他们与品牌产生的这种连接濒于破裂。对此，本章研究对于恐惧管理理论和消费者物质主义的相关研究提供了新的思路和实证支撑。

2. 实践贡献

本章在突发事件情境下企业借势营销的效应和策略等管理实践方面有着有益探索。为企业如何应用好这一把"双刃剑"提供了建议和启示，帮助品牌制定品牌营销策略、响应热点事件，从而实现品牌价值的传递与提升。具体包含以下几点启示。

第一，奢侈品牌、知名品牌借突发事件营销并非明智之举，即使品牌注意把握事件类型与营销相关性，也容易令消费者感知品牌的"利己"行为，对品牌没有承担社会责任表示失望。对于奢侈品牌、知名品牌而言，他们在营销过程中应更加关注自身的名誉，注重维持品牌调性，而不能关注一时的流量和名气，这些品牌资产较高的品牌，借突发事件营销会对品牌形象有较大减损。因此，品牌应考虑其他的借势营销方式，以实现自身品牌价值的有效传播。

第二，对于非奢侈品牌、非知名品牌，借突发事件营销也会产生一定的消极影响，即使这种负面影响可能不强，但也会对品牌带来一定的负面评价，普通品牌仍应谨慎选择借势营销策略，避免为了知名度的一时提升而影响长期的品牌资产。

第三，针对不同消费群体进行有区别的营销策略。对于高物质主义的消费者，奢侈品牌借突发事件营销会带来更强的厌恶心理，而低物质主义消费者则不存在该效应。对此，跨国品牌在品牌管理实践中可以考虑消费者物质主义的调节作用，如在物质主义总体水平较高的国家避免借突发事件营销，而在物质主义总体水平较低的国家则可以适当地进行营销。

4.5.3 研究展望

立足于本章所取得的成果，未来还可以从以下几个方面进行拓展，以提升研究的全面性。

第一，探究突发事件奢侈品牌借势营销的溢出效应。前文已论述，在突发事件下，人们通过文化世界观防御和自尊提升两种方式来获得心灵的安慰，其中一种有效的路径则是加强物质消费。在突发事件背景下，在死亡恐惧的压力下，人们对于奢侈品的购买意愿将会显著提升。另外，在消费者思维结构变得狭窄时，他们也渴望品牌真实性能够得到延续；出于归因理论和公平理论的认知，他们对借势营销的奢侈品牌产生排斥，从而导致自身购买意愿下降。基于这两方面的推理，一种可能的结果是消费者对借势营销的奢侈品牌购买意愿下降，但转而购买其他竞争品牌，可以在后续进一步通过实验探究该问题。

第二，拓展借势营销问题的研究边界。本部分内容的研究对象为突发事件下的品牌借势营销，而该营销行为主要是指品牌以营利为目的的行为，排除了企业慈善行为（如捐赠）。企业在突发事件后进行捐赠，是否能够博得消费者的好感，目前还尚未有定论。吕英和张凤琪（2021）以 2020 年沪深 A 股上市公司为样本，探讨在重大突发公共卫生事件暴发后企业捐赠对股票价格的影响，实证结果显示突发事件后的企业捐赠对企业产生了积极的影响。Vock（2022）的研究则表明，虽然大众品牌进行企业社会责任行为会受到消费者的追捧，企业社会责任行为却显著降低了消费者对奢侈品牌的态度。这种影响由形象契合感所驱动，因为奢侈品强调自我概念的增强（即人与资源上的优势）与企业社会责任强调的自我概念的超越（即保护所有人的福利）相抵触，这可能会造成奢侈品消费者的不满。基于这两方面的推理，可能的结果是普通品牌进行企业社会责任行为会受到消费者的追捧（这是超出人们预期的行为），而奢侈品牌不一定能取得太大的收益，可以在后续进一步通过实验探究该问题。

第三，丰富突发事件下品牌借势营销效应的研究方法。本章主要采用了实验分析法，对奢侈品牌借势营销的效应、调节和中介机理进行探究，后续可以对二手数据进行统计分析，如收集真实世界中企业借势营销后的财务盈利数据，分析对于企业的财务影响；在社交媒体平台收集消费者的真实评价与讨论，通过语义分析把握消费者的情感态度，从而使得研究假设得到进一步的验证。

第5章 品牌借势延伸策略

5.1 品牌借势延伸策略的现实背景

突发事件一般毫无征兆地突然发生，常导致惨重的财产损失和人员伤亡，在全社会范围内引起轰动效应，因而常会引发媒体的争相报道。除了电视、报纸等传统媒体外，微信公众号、短视频等互联网新媒体渠道又加速了消息传播，在突发事件发生后极短的时间内，相关新闻便可铺天盖地。很多企业希望借助突发事件的极大曝光量和广泛影响"顺水推舟"推销自己的产品，借机提升品牌影响力及增加企业知名度。

第 4 章对品牌借势营销的效应探究证明了借势营销需要辩证看待，运用得当的借势营销可以增加品牌曝光度，提高品牌知名度，提升消费者品牌意识；反之，运用不当的借势营销则会弄巧成拙，对企业形象造成极大损害，让消费者反感甚至抵触，对品牌持续经营产生影响长远的严重后果。在突发事件情境下，品牌应采用何种策略以规避负面效应，是需要重点关注的问题。

品牌延伸是品牌管理的重要内容之一，也是企业当今推出新产品、为品牌资产进行增值的重要手段。Tauber（1981）是最早提出品牌延伸这一概念的学者之一，他按照企业是否推出新品类的产品和是否保留原品牌两个标准将品牌推出新产品的行为分为四类，包括新产品发展行为、侧翼品牌行为、产品线拓展行为和品牌延伸行为，其中，若企业保留原品牌，在原品牌旗下推出全新品类的产品，则为品牌延伸行为。例如，主营无蔗糖低脂瓶装饮料的品牌推出了鸡肉肠等食品；曾经主营手机、电脑的某品牌，开始生产耳机、运动手环、快充充电器、手机壳等智能配套设备，这些都是常见的品牌延伸行为。

品牌延伸行为具有很多积极意义。Erdem（1998）指出，品牌延伸赋予了新产品一个知名品牌作为背书，有利于产生成本效益和降低消费者的感知风险，消费者将通过母品牌对延伸出的新产品产生积极联想，这种新产品推出方式为消费者提供了安全感和信任感，将会对新产品的销售和推广起到积极作用。品牌延伸行为所带来的成本效益体现在其能够很大程度上降低营销成本。曾有学者通过调研和定量分析发现，若推出全新品牌，则一般需要投入的广告费用、营销费用占销售收入的比例高达 19%，而品牌延伸以原品牌的知名度作为背书，所需投入的营销成本仅占销售收入的 10%左右，品牌延伸相比于推出新品牌可以在很大程度上降低营销成本，是一种相对高投入产出比的营销策略。

但是也有学者指出，品牌延伸并不是在所有情况下都是有利的。Loken 和 John（1993）提出，若品牌延伸所推出的新产品属性与原品牌的经营理念不一致，则会对企业的品牌资产造成稀释作用，这种情况下的品牌延伸会对企业发展产生负面作用，不利于品牌的长期可持续经营。

综上，品牌延伸的影响因素是复杂而多元化的，适当的品牌延伸行为可以在可控成本的基础上，为企业增加营收和创造价值，降低消费者的感知风险，从而获得消费者更好的评价。但品牌延伸过程中如何保护母品牌、避免对原品牌资产的稀释、维持原有的良好品牌形象是企业需要慎重考虑的问题。本章将在突发事件的情境下，探讨品牌借势营销中"借势延伸"推出新产品这一营销策略的效应，具体来说，研究在不同条件下消费者对品牌借势推新的反应并解析此效应潜在的理论机理。

5.2   品牌借势延伸策略的理论基础

5.2.1   品牌延伸

品牌延伸契合度是研究品牌延伸行为不可忽略的构念，在 1990 年由 Aaker 等学者提出，是对"品牌延伸相似度"这个概念的拓展和补充。品牌延伸契合度包含三个维度：互补性、替代性和制作过程中生产人员及设施技术的可转移性。若品牌延伸推出的新产品与传统产品可以互补、相互替代，且在生产新产品时，传统产品的生产人员、生产设备仍能有较大帮助，便可以认为这是一种高契合度的品牌延伸；反之，若推出的新产品与传统产品之间互补性、替代性较弱，且在生产新产品时，传统产品的生产人员、生产设备的帮助甚微，则认为是低契合度的品牌延伸。品牌延伸契合度的概念相比于线性的、单一的"相似度"，概念内涵更加丰富，因而自提出以来，便被广泛应用于新产品开发相关的研究中。

Park 等（1991）的研究结果揭示了消费者对延伸产品的态度与感知延伸契合度之间存在正相关关系，即在其他条件相同情况下，高契合度的品牌延伸会导致更好的消费者态度；Keller（2003）也认为，品牌延伸契合度越高，消费者的评价会越积极，延伸行为所开发新产品获得的收益也越大，原因在于高契合度的延伸产品与品牌传统产品有更高的相似度，与原品牌有更强的关联性，符合消费者对品牌的已有认知，不会带来很强烈的冲突感；同时，Spiggle等（2012）认为，在品牌延伸契合度高的情境下，母品牌的资产价值也更可能对品牌延伸产生积极影响，因为当母品牌和延伸品类表现出高度的关联和相似性时，消费者很可能将他们对母品牌的积极评价转移到延伸品类。Oakley等（2008）指出，若市场中的先进入者进行低契合度的品牌延伸会减弱其先行者优势，这时如果有市场的后进入者进行高契合度的品牌延伸会给消费者带来更好的感知，对采取高契合度的品牌延伸行为的后进入者有积极影响。因此，先前的多数研究认为，相比于契合度较低的延伸，延伸契合度高更有利于提高延伸效果，消费者对延伸产品的评价及态度会更好。

但也有观点认为，并不是在任何情况下品牌延伸契合度都与品牌延伸效果呈正相关关系。有学者提出可以通过外部条件来克服低契合度的不利影响。例如，Broniarczyk和Alba（1994）指出，人为地将延伸的产品与母品牌的形象联系起来，可以克服消费者最初对低契合度产品感到不适合、与原品牌不匹配的看法，让其对低契合度的品牌延伸也具有较高的包容度；类似地，Cornwell等（2006）通过明确活动赞助商和活动之间的联系，克服了品牌延伸契合度低、新产品与母品牌一致性较弱带来的负面影响，让消费者对活动中推出的新产品有了更高的接受度。此外，产品在市场中并非孤立存在，而是与诸多竞品共存，因而竞争也会对品牌延伸的效果造成影响。Milberg等（2010）指出，当某品牌采取品牌延伸行为时，如果消费者对新产品品类的现有在售品牌相对不熟悉，即对竞品品牌的熟悉度低于对母品牌的熟悉度，则无论品牌延伸契合度高还是低，都会有比较好的延伸效果，消费者会基于对母品牌的熟悉和信任，给予延伸推出的新产品更好的态度与评价。

总之，品牌延伸契合度是影响延伸效果的重要构念。学者Voelckner和Sattler（2006）用定量研究的方法，解析了10个已知的品牌延伸成功与否的预测因素，包括母品牌资产价值、品牌延伸历史长短、母品牌信念、母品牌经验、市场支持、零售支持、品牌延伸契合度、母品牌与新产品的关联性、对未知产品的感知风险及创新感知，发现品牌延伸契合度是所有因素中最重要的，对品牌延伸具有非常显著的影响，进一步证实了这一构念在品牌延伸推出新品过程中的重要作用。

品牌延伸契合度是本章研究的重要变量之一。高契合度的品牌延伸产品与原已有产品相似度高，可以相互替代、互补，让消费者感知到熟悉；而低契合度的品牌延伸则恰恰相反，全新的、与母品牌一致性弱、匹配度低的产品会让消费者感觉陌生，可能与其变狭隘的思维边界产生冲突。这种消费者感知上的差异会使消费者对借势推新行为的态度产生影响，进而影响其后续消费行为。

5.2.2　心理距离

心理距离是解释水平理论下的重要构念，具有丰富的内涵，包括时间距离、空间距离、社会距离、事件发生可能性等多个维度。Trope 和 Liberman（2010）通过研究，进一步阐述了心理距离的含义，它是一个以自我为中心的构念，以此时此地的自己作为参照物来衡量一个物体或事件在时间、空间、社会或发生概率上的距离远近程度，其维度的选择可有不同组合方式。

Trope 和 Liberman（2010）、孙晓玲等（2007）提出，心理距离会影响人们的解释水平高低，进而影响其对事物的表征与描述。当心理距离较远时，即处在高解释水平下，人们会用抽象的、简单的、结构化及连贯的、去背景化的、首要的、核心的、与目标高关联度的特征对事物进行表征和描述；相对地，当心理距离较近时，即处在低解释水平下，人们倾向于用具体的、复杂的、无组织及不连贯的、背景化的、次要的、表面的、与低目标关联度的特征对事物进行表征和描述。

Trope 和 Liberman（2010）对心理距离影响人们解释水平的原因进行了分析，他们推测心理距离之所以会影响解释水平，可能是因为不同距离导致事物相关联信息的可获取性、获取难易和信息可信度不同：心理距离越远，相关的具体信息越不易获取、可信度越低；而当心理距离近的时候，相关信息会更加容易获取，同时更清晰可靠。另外，他们认为心理距离对行为的影响可能是基于人们的计划习惯：对于目标驱动的人，当他们在进行未来规划时，会首先考虑结果（即高解释水平的信息），而后才会考虑达到目的的可行性（即低解释水平的信息）；此外，在制定远期规划的时候，人们暂不会考虑有关计划的具体实施方法，即低解释水平的信息，因为未来具有不确定性。

心理距离也会影响人们对自己的认知。Wakslak 等（2008）提出，当人们从心理距离较远的角度去评价自己时，他们会对自己的个性特征有更清晰的认识，倾向于用更抽象的方式（如大五人格）来描述自己；而在心理距离近的情境下，他们倾向于用更加结构化的、简单的方式来描述自己。Weber 等（2007）认为心理距离还会影响人们对事情结果的评估，尽管他们对远期结果的相关认识要少于近期，但由于远期信息的心理距离更远，同时具有更高的解释水平，他们仍倾向于对远期未来事件给予更加极端的评价。

除了对人们的认知产生影响外，心理距离还会影响人们的行为决策、行为速度和行为动机。人们对心理距离较远的事件会有更弱的行为动机。例如，学生们可能不会为一个很久以后才会进行的考试去专心准备和复习，但是他们可能会为了近期要面临的考试"临阵磨枪"；相比于帮助陌生人，人们帮助亲朋好友的动机会更强。在准备临期考试或者帮助亲朋好友这些心理距离近的情形下，我们预期自己的行为更可能得到回馈，因而有更强的动力去付出行动。

综上所述，心理距离是解释水平理论中的重要构念，包括时间距离、空间距离、社会距离、发生可能性等多重内涵。心理距离的远近与解释水平的高低具有直接的关联，会影响人们对自己、对外部环境、对事物的感知和评价方式，进而影响人们的行为动机与行为决策。本章将以心理距离这一概念作为研究的切入点，从心理距离的角度对不同类型的死亡凸显效应进行整合，并解析两种效应之间的差异。

5.2.3　风险偏好

1. 与财务投资有关的风险偏好

消费者决策中的风险通常是指决策在满足特定目标的同时也存在不确定性，消费者既有可能遭受潜在的危险或损失，也有机会获得某种奖励或回报。Barbosa等（2007）提出，在我们的生活中存在许多不确定性，因为每个事件的背后都有诸多的影响因素，我们无法将所有因素考虑周全，更无法将其全部控制，由于信息获取的有限性和处理能力的不足，我们往往无法准确地预判行为结果，这也就导致了每个个体都不可避免地要在日常生活中承担各种各样的风险。

消费者风险偏好是指其承担风险的意愿，既包括财务投资方面的风险偏好，又包括生命安全方面的风险偏好。在本部分，我们首先讨论与财务投资有关的风险偏好，即人们的投资偏好。

在不确定的环境下，有很多因素会影响人们的行为决策。例如，Tversky 和 Kahneman（1981）、Kull 等（2014）认为，人们的认知偏差会影响其投资决策。即使面对相同的投资收益期望组合，不同个体有不同的投资风险偏好，因此也会有不同的选择。例如，Tversky 和 Kahneman（1979）为被试提供以下两组投资决策：①100%的概率获得 50 元奖金；②50%的概率获得 100 元奖金。低投资风险偏好的消费者倾向于选择收益不高但确定性高的投资组合，故他们更偏向于投资组合一；而高投资风险偏好的消费者则相反，他们倾向于高收益、高不确定性的投资组合，所以他们有更大的可能选择投资组合二。

消费者的投资风险偏好会受到信息呈现方式、商品属性、消费性质等因素的影响。例如，Kaufmann 等（2013）指出，信息的不同呈现方式会影响消费者的风险偏好和投资选择，相比于仅仅以数值的形式呈现各个投资结果的期望值，更加直观的图表呈现形式可以提升消费者的风险偏好和冒险倾向，使得选择高风险、高收益组合的个体占比增加。也有研究表明，当消费者所购买的商品属性、消费性质不同时，他们也会具有不同风险偏好。对于体验型消费（如度假、酒店、音乐会等），消费者可能风险偏好更高；而对于物质型消费（如购买日用品），消费者可能风险偏好较低。原因在于消费性质不同时，这些被购买的产品或服务会给消费者带来不同程度的个人联系，强烈的个人联系感可以减少人们对选择确定性的关注，转而增加对选择可取性的关注。

不同的财务投资风险偏好程度会对个体行为产生影响。Kickul 等（2009）提出，在决策的全过程中，个体在不同阶段会产生不同的效能感，包括机会识别效能、关系效能、管理效能等。Barbosa 等（2007）的研究发现，高风险偏好的个体在决策过程中，会比低风险偏好的个体有更强的效能感；进而，风险偏好程度高的个体还比风险偏好程度低的个体表现出更强的创业意向，并对自己识别和利用机会的能力有更强的自信。

综上，与财务投资有关的风险偏好贯穿于消费者的日常生活之中，对消费者的效能感知、投资决策、行为决策产生影响。

2. 与生命安全有关的风险偏好

财务风险偏好固然对消费者决策存在重要影响，但本章更多关注的是与消费者生命安全相关的风险偏好，即消费者对刺激体验、冒险行为的偏好（以下简称风险偏好）。高风险偏好的群体更加大胆，他们对于生命安全的敏感度相对较低，喜欢参与冒险来挑战自我，更愿意追求新奇刺激的体验。例如，高风险偏好的群体可能喜欢跳伞、蹦极等极限运动；而低风险偏好的个体则恰恰相反，他们会更多地关注自身生命安全，会对此类可能对生命安全构成威胁的冒险行为敬而远之。

Jami 等（2019）将消费者的风险偏好的影响因素主要归纳为个人因素和情境因素。情境因素的确会对人们的风险偏好程度产生影响。例如，Chandran 和 Menon（2004）研究发现，若告知被试"健康危害每天都在发生"相比于告知他们"健康危害每年都在发生"，会增加他们所感知到的风险程度，进而增加其规避风险的意愿，降低风险偏好。He 等（2008）从另一角度提出，决策类型与性别共同影响人们的冒险倾向，对于收益驱动的决策，有胜任力的男性会比女性有更强的冒险倾向；反之，对于避免损失驱动的决策，有胜任力的女性会比男性有更强的冒险倾向。

也有研究表明，在大多情况下，风险偏好程度是由消费者自身个性决定的，会受到其性别、年龄、社会经济地位、人格特质、信仰、情感经历的影响；此外，个人情绪也会对其风险偏好程度产生较大影响。Lerner 和 Keltner（2001）提出，胆小的人容易产生害怕的情绪，这种情绪让其对风险带来的结果产生悲观的估计，因此他们会尽量规避风险；而易怒的人容易生气，这种情绪往往使其有更高的风险偏好，他们对风险造成的结果有相对更乐观的估计，更可能会做出冒险的行为。Mittal 和 Ross（1998）进一步概括性地指出，与消极情绪相比，积极情绪下的人们更倾向于减少冒险行为，风险偏好程度较低。

综上所述，高风险偏好的个体与低风险偏好的个体对于生命安全的感知与敏感度不同。高风险偏好的个体喜欢惊险刺激的体验，经常参与极限运动，其生命安全意识相对较弱；相反地，低风险偏好的个体会对自身生命安全更在意和关注。二者对于生命安全意识所存在的差异可能会导致其在突发事件来临时产生不同的感知，进而在面对相同的企业借势营销行为时会做出不同的反应和消费决策。

5.2.4 结构化渴求

此前的研究认为，人们通过两种方式来减轻自己的认知负担。一种方式是通过逃避策略限制自己接触的信息量，或通过设置障碍来限制社会和环境信息侵入他们生活的可能性。例如，在院子周围设置围墙、关闭办公室的门、在街上戴耳机等。另一种方式是通过结构化认知与对结构化的渴求，简化生活中的信息，并消耗相对最少的认知资源来理解世界。例如，人们会用图表来呈现信息、对特定群体存在刻板印象，这些都是结构化认知的表现。

人们对结构化的渴求是由感知者自身和环境共同决定的。Neuberg 和 Newsom（1993）提出，结构化渴求是人的固有个体属性，且具有明显的个体差异，结构化渴求程度高的个体更倾向于过简单、有组织的生活，他们的认知结构的内容应该是相对同质的，每个结构都应该有很好的界限，他们更喜欢有确定的规则并例行公事，青睐熟悉的社交场合，更有动力去寻找简单的、结构化的方法来处理外界的信息；而低结构化渴求的个体则相反，相比之下，他们更能接受变化，且处理事情更加灵活。Kruglanski（1989）则认为人们对结构化的渴求是由特定情境诱发的。例如，个体需要在限定的时间内做出决策，在这种时间相对紧急的情境下，他们对结构化的渴求会更加强烈，更倾向于以结构化的认知方式来简化处理信息。

结构化渴求的概念对人们认识世界、理解世界提出了新颖而合理的解释方式，自提出以来，这一概念便在社会心理学、消费者行为学研究中得到广泛的应用。例如，Neuberg 和 Newsom（1993）指出，结构化渴求与刻板印象可以用来解释个体的含糊、不确定行为；Moskowitz（1993）认为，结构化渴求与自发特质推理的形成有关，其中，自发特质推理是指个体无意识地使用特质推理对行为进行归类。

Schaller 等（1995）的研究也得到了相似结论，认为当从群体相关信息中进行观察和推理时，结构化渴求与错误的、不准确的刻板印象的形成高度正相关。以上结论均基于人们渴望减轻认知负荷，希望用结构化的、简化的方式来处理信息。

除简化降低认知需求外，Bettman 等（2013）的研究指出，人们控制感的缺失也会导致其对结构化的渴求增加。Kelly（1963）认为，拥有控制感是人们的一项基本需求，人们希望得到自己想要的、预期之内的结果，同时避免意料之外的结果，希望对自身和周围环境有一定的控制感，对控制的渴望往往是维持结构感的强烈且主要的动机。Kay 等（2008）也对人们拥有控制感的需求表示了认同，他们指出，总体上，人们会有一个相对一致的愿望，他们希望生活在有秩序和结构化的世界里，而不是生活在一个随机的、高不确定性的世界里。人们通过相信他们有控制自己生活的能力来维持这种秩序感和结构感。

当人们对控制感的需求得不到满足时，他们对结构化的渴求便会增加，会希望事情有条不紊地按照既定规律发展，而不愿意出现突发状况；结构化渴求会让人们在潜意识里建立更狭窄的思维边界，他们倾向于认为事物都有自己既定的位置，应该秩序井然地置于自己的位置上或边界范围内；若事物没有按照他们的想法摆放或出现意料之外的突发状况，人们便会产生"不适合、不一致"的感知，进而对触犯或逾越边界的行为表现出排斥和反感。人们在控制感降低的情况下，会对周围的不确定、随机的状况产生恐惧和担忧，因而会通过一些途径在外部环境中找寻秩序感和结构感。例如，人们会通过支持和拥护强大的外部系统来寻求结构和稳定，他们会选择依靠和信任政府，或者相信上帝和神明，以强大的外部力量来增强自己的结构化感知；在控制感缺失的情况下，人们还可能会在周围环境的审美元素中寻求结构化，他们会选择有强烈审美界限的标志、图片或产品设计，以此来感知结构化，这种对结构化的渴求还会影响人们的消费行为；在消费过程中，相比于货架没有明确界限的商店，消费者会在货架有明确界限的商店买更多东西。

基于突发事件是一种突然发生、征兆微弱、难以人为控制和干预的事件，本章研究认为，在发生突发事件的情况下，消费者会感受到外部环境和自身生命安全的不可控，进而导致自身控制感降低，思维边界变得狭隘，对结构化的渴求提升。若企业在这时做出新产品研发或低契合度的品牌延伸行为，会被认为是逾越边界的行为。因为新产品与原产品相似性弱、关联度低，让人们感觉到不熟悉、出乎意料、与母品牌的形象不一致和不契合，这会与消费者变狭隘的思维边界相冲突，易引发他们的排斥和抵触情绪。因此，企业在突发事件下推出低契合度新产品的行为，可能导致消费者对品牌较差的态度，从而降低对母品牌、新产品和本次品牌延伸行为的评价。

5.3　品牌借势延伸策略的影响因素及分析

5.3.1　心理距离对消费者品牌态度的影响

综合上述文献综述的研究成果，本节提出，在企业借突发事件之势进行品牌延伸推出新产品时，消费者不同的心理距离会对其品牌态度产生不同影响。

在消费者心理距离较近的情况下，如事件发生的地点在他们当前居住的城市、工作的街区，或者发生在他们认识的、熟悉的人身上，则会引发传统的死亡凸显效应，使人们产生真实的死亡焦虑感。他们会担心突发事件波及自己、威胁自己的生命安全，此时他们的思维边界变窄，希望维持现有的稳定状态，会对逾越边界的行为感到排斥。若企业在这种情境下进行品牌延伸，推出消费者不熟悉的新产品，会被视作越界行为，很可能引起消费者的反感。相对地，消费者心理距离较远时，人们对死亡概念的感受是通过媒体报道实现的，所激发的主要是语义概念上的死亡凸显效应，在该效应下，消费者会以全局的方式进行思考，更关注事物之间的广泛联系，因而对于企业品牌延伸的行为有更强的包容性。

综上，提出如下假设：

H_{5-1}：品牌借突发事件推出新产品时，与心理距离远的消费者相比，心理距离近的消费者对借势推出新产品的品牌会持有更差的态度。

5.3.2　品牌延伸契合度的调节作用

品牌延伸契合度是研究品牌延伸行为的重要构念，其内涵包含三个维度：互补性、替代性和制作过程中生产人员及设施技术的可转移性。若品牌的传统产品与延伸开发出的新产品具有较高的互补性、替代性，且原生产人员仍有所帮助，则认为这是一种高契合度的品牌延伸行为，会让消费者感觉到熟悉，看到新产品与原品牌之间更强的联系性；反之，若品牌延伸的新产品与品牌原产品之间的互补性、替代性较弱，且原生产人员在生产新产品的过程中帮助甚微，则认为这是一种低契合度的品牌延伸行为，新产品会让消费者感觉到新颖和陌生。

高契合度的品牌延伸产品与原产品相似度高，可以相互替代、互补，因而消费者看到高契合度延伸产品时会感知到熟悉，不会认为这是一种全新的、完全逾越边界的行为，在突发事件引发的死亡凸显效应下，这种延伸行为不会与消费者变狭隘的思维边界冲突，进而不会遭到消费者强烈的排斥和抵制，不会因为消费者心理距离不同而导致其不同的品牌态度。相反，低契合度品牌延伸会产生与原产品差异较大的全新产品，不符合消费者对品牌的传统认知，让其感觉到陌生和不熟悉，在消费者心理距离近、引发死亡凸显造成消费者焦虑的情境下，会构成一种跨界行为，与消费者"保持目前熟悉环境"的期望相悖，会与其变狭隘的思维边界相冲突，可能引发消极抵触情绪。据此，提出如下假设：

H$_{5-2}$：品牌延伸契合度可以调节心理距离远近所导致的消费者不同的品牌态度。在品牌延伸契合度低的情况下，与心理距离远的消费者相比，心理距离近的消费者对借势推新的品牌持有更差的态度；在品牌延伸契合度高的情况下，心理距离对消费者品牌态度无显著影响。

5.3.3　消费者风险偏好的调节作用

本章所关注的风险偏好是指与个人生命安全有关的风险偏好，即人们寻求冒险行为的倾向。相比于绝对安全平静的生活，高风险偏好的群体更喜欢追求冒险的行为和惊险刺激的体验，甚至可以为了追求新奇刺激的体验，用生命去冒险。因而相比于低风险偏好的群体，高风险偏好群体固有的生命安全意识较弱，即使面对突发事件等灾难，也不会产生很强的恐慌畏惧心理，对他们而言，无论传统意义的死亡凸显效应还是语义概念上的死亡凸显效应均不明显，因此高风险偏好的消费者不会因为心理距离不同而产生明显不同的品牌态度；相反地，低风险偏好的消费者会非常关注自身生命安全，他们不愿意用自己的生命安全去冒险，对于生命安全有关的事件有较高敏感度，所以他们在灾难面前更容易产生恐惧心理，担心灾难事件波及自己，影响自身安危，进而更加厌恶风险。突发事件会激发低风险偏好的群体产生对自身生命安全的焦虑感，产生对生命无常的感叹，进而引发死亡凸显效应。据此，提出如下假设：

H$_{5-3}$：消费者风险偏好可以调节心理距离所导致的消费者不同品牌态度。对于低风险偏好的消费者，与心理距离远的情况相比，心理距离近会导致消费者对借势推新的品牌持有更差的态度；对于高风险偏好的消费者，心理距离对于消费者的品牌态度无显著影响。

5.3.4　结构化渴求的中介作用

突发事件具有突然发生、征兆微弱、难以预料等特点，会导致消费者的控制感减弱，但拥有控制感是人们的基本需求，当控制感得不到满足时，人们会对周围的不确定状况产生恐惧和担忧，会倾向于在外部环境中找寻秩序感和结构感，即产生结构化渴求，他们希望所面对的事情条理清晰、有条不紊地按照既定的计划发展，而不愿意出现意料之外的突发状况。

在突发事件发生的情况下，若企业做出新产品研发或低契合度的品牌延伸行为，会被认为是逾越边界的行为，因为新产品与原产品相似性小、关联度低，让人们感觉到不熟悉、出乎意料，因此，这种越界行为与消费者变狭隘的思维界限相冲突，容易引发消费者的抵触和排斥情绪，进而会降低对企业推出新产品或低契合度品牌延伸等行为的评价。据此，提出如下假设：

H_{5-4}：品牌借突发事件推出低契合度新产品时，在心理距离近（vs 心理距离远）的情况下，借势推新会使低风险偏好（vs 高风险偏好）消费者控制感降低，对于结构化的渴求程度提升，从而导致消费者对品牌的态度下降。

上述四个假设完整地描述了本章的理论模型，包括消费者心理距离对品牌借势推新行为态度的影响，品牌延伸契合度和消费者风险偏好对这一影响过程的调节作用，以及结构化渴求的中介作用。本研究模型系统地展示了品牌借势推出新产品时，消费者心理距离这一重要因素对其品牌态度的影响方向、影响的边界条件和存在影响的内在机理，可视化模型如图5-1所示。

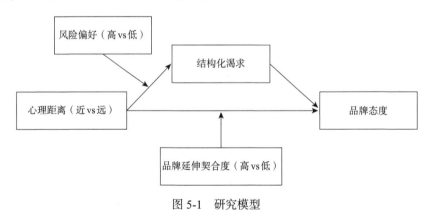

图 5-1　研究模型

5.4　品牌借势延伸策略的实验及结果

5.4.1　实验一

1. 实验目的

实验一采用单因素组间实验的方法（心理距离近 vs 心理距离远）来验证 H_{5-1}。在实验中拟定了虚拟品牌进行研究，尽量消除因为消费者对某些真实品牌具有明显偏好或厌恶而造成的干扰效应。在介绍部分，只对空间距离远近两种情境进行了操纵，其他方面，包括借势推出新产品的品牌、推出的具体新产品、借势推新的宣传标语等方面都保持一致。此外，测量了消费者在心理距离近和心理距离远这两种操纵的情境下对于品牌延伸新产品的态度，并比较二者间的差异，来检验品牌借突发事件推出新产品时，消费者心理距离近会比心理距离远导致消费者对品牌持有更差的态度。

2. 实验方法

1）操纵材料

借势推新。实验设计的操纵场景为中国饮料品牌 Co-Tea 借泥石流的热点事件推出新产品 T 恤，并发布官方微博称"Co-Tea 的爱就像泥石流，让你始料未及，准备好尝鲜了吗？"

心理距离。在对心理距离远近的操纵中，设置如下操纵语言，心理距离近的分组为：假设近期在你的现居地发生了特大洪涝灾害，引发的泥石流造成了大量人员伤亡；心理距离远的分组为：假设近期在中国以外的其他国家发生了特大洪涝灾害，引发的泥石流造成了大量人员伤亡。

2）实验步骤

为了在更大范围内获取样本，保证实验结果的置信度和普适性，本实验借助"问卷星"平台，通过线上发放问卷的方式进行，共有 101 位来自全国各地的消费者参与本次实验（其中男性占比 46.5%，平均年龄为 31 岁），他们被随机分配到了心理距离近与心理距离远两组，分别看到关于不同心理距离的操纵材料。

随后，所有参与者都看到关于品牌借势推出新产品的描述，看到品牌推出的新产品图片，是一件印有泥石流卡通图片的白底 T 恤衫。

接着，测量消费者对于新产品的态度，本节的实验采用改编学者 Aggarwal（2004）的 3 个题项，分别是："你喜欢 Co-Tea 新推出的 T 恤产品"；"无成本情况下，你愿意尝试 Co-Tea 新推出的 T 恤产品"；"你有很大可能性购买 Co-Tea 新推出的 T 恤产品"（1=非常不同意；7=非常同意）。

而后，本实验采用单一题项"你感觉泥石流事故发生的地点在空间上距离你的远近程度如何"对消费者的心理距离进行操纵检验（1=感知距离近；7=感知距离远）。最后，对被试的性别、年龄、居住城市等人口统计信息进行调查。

3. 数据分析

1）操纵检验

在心理距离远的操纵条件下，参与者能显著感受到更远的距离感[$M_{心理距离近}$=4.75，SD=1.48；$M_{心理距离远}$=5.41，SD=1.12；$F(1, 99)$=6.31，p=0.01]。证明本次实验对心理距离的操纵有效，消费者能通过不同的文字描述，感受到不同的心理距离。

2）消费者对新产品态度的差异

单因素方差分析（ANOVA）结果显示，和心理距离较近组的参与者相比，心理距离较远组的参与者对新产品整体评价、评分更高，对品牌在突发事件下借势推出的新产品持有更好的态度[$M_{\text{心理距离近}}$=5.10，SD=1.10；$M_{\text{心理距离远}}$=5.56，SD=0.85；$F_{(1, 99)}$=5.498，p=0.02]，如图 5-2 所示。

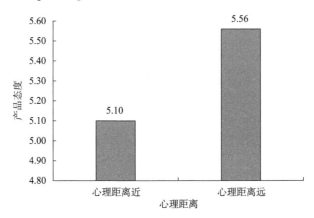

图 5-2　心理距离远和心理距离近的情境下消费者对新产品态度的差异

4. 结果讨论

实验一的结果验证了 H_{5-1}：品牌借突发事件之势推出新产品时，与心理距离远的消费者相比，心理距离近的消费者对借势推出新产品的品牌持有更差的态度。这证明了在心理距离远近两种不同的情境下，消费者对品牌借势推出新产品这一行为所持态度会具有显著的差异。同样为了避免消费者对真实品牌的偏好对实验结果的影响，在后续的实验研究过程中，我们仍将采用虚拟品牌进行研究，探索其他因素对这一效应的影响。

5.4.2　实验二

1. 实验目的

本实验所要验证的是 H_{5-2}，即品牌延伸契合度的调节作用。在品牌延伸契合度低的情况下，与心理距离远的消费者相比，心理距离近的消费者对借势推出新产品的品牌持有更差的态度；在品牌延伸契合度高的情况下，心理距离对消费者品牌态度无显著影响。为增强实验的普适性，实验二选择与实验一不同品类的刺激物，实验一所选择的借势营销品牌主营产品为食品，而实验二所选择的借势营销品牌主营产品为日化用品，通过选取不同品类刺激物进行实验设计，更有利于保证实验结果的更广泛适用范围。

2. 实验方法

1）操纵材料

借势推新。将泥石流灾害替换成了爆炸事故，根据爆炸的事件热点，洗发水品牌推出相应的新产品。

心理距离。对消费者心理距离的操纵方法与实验一类似，在心理距离近的分组中，参与者看到如下描述：假设近期在你的现居地发生了严重的爆炸事故，造成了大量人员伤亡；在心理距离远的分组中，参与者看到如下描述：假设近期在中国以外的其他国家发生了严重的爆炸事故，造成了大量人员伤亡。

品牌延伸契合度。对品牌延伸契合度的操纵参考 Aaker 等学者在 1990 年所使用的刺激物，仍设置虚拟品牌借势推新的情境。低品牌延伸契合度组的参与者看到如下描述和示意图：中国洗发水生产商 Sweety 推出了其跨界新产品——卫衣，并发布官方微博"Sweety 跨界新品，让你潮到爆炸"；而高品牌延伸契合度组的参与者看到如下描述和示意图：中国洗发水生产商 Sweety 推出了其跨界新产品——香水，并发布官方微博"Sweety 跨界新品，让你潮到爆炸"。

2）实验步骤

本实验采用 2（消费者心理距离：近 vs 远）×2（品牌延伸契合度：高 vs 低）的双因素组间实验设计方法，有 158 名高校学生实地参与了本次实验（其中男性占比 54.4%，平均年龄为 22 岁），均为上海市某高校的在读学生。

参与者首先被随机分到不同的 4 组，然后阅读所在分组相应的图片和文字描述。

接着，用与实验一不同的 2 个题项，从消费者购买意愿的角度来测试其对于该品牌的态度，分别为"你有很大可能性购买该品牌传统产品"和"你有很大可能性购买该品牌推出的新产品"（1=非常不同意；7=非常同意）。

参考 Aaker 等学者提出的品牌延伸契合度的 3 个维度来设置题项，进行操纵检验，分别为"对我来说这款新产品和传统产品在某些情况下可以相互替代，满足我相同的特定需要"；"对我来说这款新产品和传统产品在某些情况下可以作为互补品，同时被使用"；"生产该新产品时，原来传统产品洗发水的生产人员仍在技术上有所帮助"（1=非常不同意；7=非常同意）。对心理距离的操纵检验方法和实验一相似，用单一题项"你感觉爆炸事故发生的地点在空间上距离你的远近程度如何"进行操纵检验（1=感知距离近；7=感知距离远）。最后，对被试进行性别、年龄、居住城市等人口统计信息调查。

3. 数据分析

1）操纵检验

在心理距离远的操纵条件下，参与者能显著感受到更远的距离感[$M_{心理距离近}$=4.10，SD=1.77；$M_{心理距离远}$=6.31，SD=1.05；F（1，156）=91.69，p=0.00]。证明本次实验对心理距离的操纵有效，消费者能通过不同的文字描述，感受到不同的心理距离。

在品牌延伸契合度低的操纵条件下，参与者3个操纵检验题项得分均值显著低于品牌延伸契合度高的组[$M_{低契合度}$=3.22，SD=1.14；$M_{高契合度}$=3.95，SD=1.16；F（1，156）=16.24，p=0.00]。证明本次实验对品牌延伸契合度的操纵有效，在不同刺激物的刺激下，消费者能感受到不同程度的品牌延伸契合度。

2）调节作用

使用双因素方差分析方法，来验证消费者心理距离（心理距离近 vs 心理距离远）、品牌延伸契合度（契合度低 vs 契合度高）对消费者购买意愿的交互影响。利用Process模型1，10 000个Bootstrap样本和95%的置信区间，将消费者心理距离（心理距离近 vs 心理距离远）作为自变量（0=心理距离近；1=心理距离远），品牌延伸契合度作为调节变量（0=低契合度；1=高契合度），购买意愿作为因变量。结果显示消费者心理距离（心理距离近 vs 心理距离远）和品牌延伸契合度（契合度低 vs 契合度高）之间存在交互作用（β=−0.85，t=1.80，p=0.05）。更详细地看，结果显示，在品牌进行低契合度延伸时，心理距离远（vs 心理距离近）的消费者有更高的购买意愿（$M_{心理距离近}$=2.57 vs $M_{心理距离远}$=3.37，β=−0.49，p=0.01），而对于高契合度延伸的品牌，心理距离对消费者购买意愿没有显著影响（$M_{心理距离近}$=3.24 vs $M_{心理距离远}$=3.19，β=0.51，p=0.87），如图5-3所示。

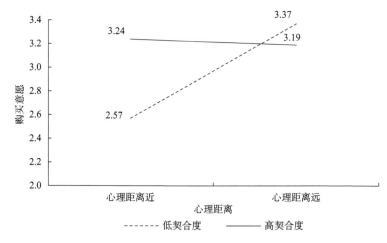

图5-3　品牌延伸契合度对消费者购买意愿的调节作用

4. 结果讨论

实验二的分析结果验证了 H_{5-2}，即品牌延伸契合度可以调节心理距离对消费者品牌态度的影响。在品牌延伸契合度低的情况下，心理距离近会比心理距离远导致消费者对品牌产生更差的态度；品牌延伸契合度高的情况下，心理距离对消费者品牌态度无显著影响，因为高契合度的品牌延伸所生产的新产品与传统产品有较高的相似度和关联性，不会让消费者感受到陌生，不会与变窄的思维边界产生很大冲突。因此在后续实验过程中，所设计的实验情境全部假设品牌推出了低契合度的新产品，以便更好地探讨其他因素对消费者态度的影响。

5.4.3 实验三

1. 实验目的

本实验所要验证的是 H_{5-3}，即消费者风险偏好程度对于其品牌态度的调节作用。对于低风险偏好的消费者，与心理距离远的情况相比，心理距离近的情况导致其对借势推新产品的品牌持有更差的态度；对于高风险偏好的消费者，心理距离远近对消费者的品牌态度无显著影响。

2. 实验方法

1）操纵材料

心理距离为与客观环境、情境有关的变量，故对心理距离采用操纵的方法；而消费者风险偏好程度为消费者个人所固有的内在属性，因而采用测量的方法更为合理。

借势推新。使用的刺激物为实验二中低品牌延伸契合度组的刺激物，中国洗发水生产商 Sweety 推出了其跨界新产品——卫衣，并发布官方微博 "Sweety 跨界新品，让你潮到爆炸"。

心理距离。本实验对消费者心理距离远近的操纵方法与实验二相同。在心理距离近的分组中，参与者看到如下描述：假设近期在你的现居地发生了严重的爆炸事故，造成了大量人员伤亡；在心理距离远的分组中，参与者看到如下描述：假设近期在中国以外的其他国家发生了严重的爆炸事故，造成了大量人员伤亡。

2）实验步骤

本实验采用 2（消费者心理距离：近 vs 远）×2（消费者风险偏好程度：低 vs 高）的双因素组间实验设计方法，通过问卷星平台进行数据收集，本次实验共有141 位参与者（其中男性占比 38%，平均年龄为 30 岁）。

首先，被试被分为心理距离近和心理距离远两组，阅读相应的操纵材料。

其次，采用单一题项："你喜欢这个品牌"（1=非常不同意；7=非常同意）来测量消费者对采取借势推新行为的品牌的态度。

再次，对消费者的风险偏好程度测量。风险偏好量表参考 Zuckerman 等学者在 1978 年提出的风险偏好测度量表，本节的实验所提到的风险是与生命安全有关的风险，因而选择"寻求刺激和冒险"这一维度的 9 个题项来测量被试的风险偏好程度，包括"我希望自己能成为一名登山者""我有时喜欢做一些有点吓人的事情，如尝试滑水运动""我想试试冲浪""我想学开飞机""我想去潜水""我想尝试跳伞""我喜欢从高跳板上跳水""我想驾驶一艘小而适合航海的帆船航行很长的距离""我想我会喜欢从高高的山坡上飞快地滑雪下山的感觉"（1=非常不同意；7=非常同意）；以上 9 个题项的 Cronbach's α 系数为 0.93。

对于心理距离的操纵检验采用与实验二相同的题项"你感觉爆炸事故发生的地点在空间上距离你的远近程度如何"（1=感知距离近；7=感知距离远）来检验。

最后，在完成对消费者风险偏好程度的测量和对消费者心理距离的操纵检验之后，对被试进行性别、年龄、居住城市等人口统计信息调查。

3. 数据分析

1）操纵检验

在心理距离远的操纵条件下，参与者能显著感受到更远的距离感[$M_{心理距离近}$=4.51，SD=1.79；$M_{心理距离远}$=5.53，SD=1.34；F（1，139）=14.57，p=0.00]。证明本次实验对心理距离的操纵有效，消费者能通过不同的文字描述，感受到不同的心理距离。

2）消费者对品牌态度的差异

单因素方差分析（ANOVA）结果显示，在品牌进行低契合度延伸时，心理距离远（vs 心理距离近）的消费者有更好的品牌态度[$M_{心理距离近}$=4.40，SD=1.51；$M_{心理距离远}$=4.97，SD=1.28；F（1，139）=5.88，p=0.02]，再一次验证了 H$_{5-1}$，即不同心理距离下，消费者对借势推出新产品的品牌态度存在差异。

3）调节作用

采用 Spotlight Analysis 方法进行分析，验证消费者心理距离（心理距离近 vs 心理距离远）与风险偏好程度（低风险偏好 vs 高风险偏好）对消费者品牌态度的交互影响。利用 Process 模型 1，10 000 个 Bootstrap 样本和 95%的置信区间，将消费者心理距离（心理距离近 vs 心理距离远）作为自变量（0=心理距离近；1=心理距离远），消费者风险偏好测量作为调节变量，消费者对品牌的态度作为因变量。结果显示消费者的心理距离（心理距离近 vs 心理距离远）和风险偏好（低风险偏好 vs 高风险偏好）之间存在交互作用（β=-0.37，t=-2.38，p=0.02）。更详细地看，结果显示，低风险偏好的消费者（M_{-1SD}）在心理距离近的情境下，对品牌的态度显著比心理距离远的情境差（$M_{心理距离近}$=3.59 vs $M_{心理距离远}$=4.55，β=0.97，p=0.00），而对于高风险偏好的消费者（M_{+1SD}），这种差异是不显著的（$M_{心理距离近}$=5.35 vs $M_{心理距离远}$=5.32，β=−0.03，p=0.93），如图 5-4 所示。

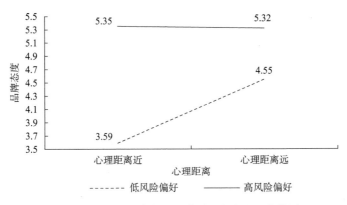

图 5-4　消费者风险偏好对其品牌态度的调节作用

4. 结果讨论

实验三的结果验证了 H_{5-3}，品牌借突发事件推出契合度低的新产品时，消费者风险偏好可以调节心理距离远近所导致的消费者不同的品牌态度：低风险偏好的消费者品牌态度会因为其心理距离远近不同而存在显著差异，他们在心理距离近的时候更能感受到生命安全受到了威胁从而产生焦虑感，引发传统意义的死亡凸显效应，进而厌恶品牌借势推出新产品的行为；而对于高风险偏好的消费者，心理距离远近对其品牌态度无显著影响，因为他们对于生命安全受到威胁的敏感度比较低。此外，高风险偏好的消费者死亡凸显效应不明显，他们对于品牌借势推新的行为容忍度高，无论心理距离远还是近，高风险偏好的消费者都比低风险偏好的消费者对借势推新的品牌有更好的态度。

5.4.4　实验四

1. 实验目的

实验四将进一步验证 H_{5-1}、H_{5-3} 的稳健性，即验证主效应和消费者风险偏好的调节效应。品牌借势推出契合度低的新产品时，心理距离近会比心理距离远导致消费者对品牌更差的态度；而消费者风险偏好程度可以调节心理距离远近所导致的消费者不同品牌态度，对于低风险偏好的消费者，心理距离近会比心理距离远导致更差的消费者品牌态度；对于高风险偏好的消费者，心理距离远近对其品牌态度不会有显著影响。同时，本实验将验证 H_{5-4}，即结构化渴求在这一交互影响中的中介作用。

2. 实验方法

1）操纵材料

借势推新。本实验选择与实验一相同的突发事件作为研究背景。实验四设计了新的刺激物，饮料品牌借势推出新产品洗发水。具体描述为，中国全国连锁的饮料品牌 Co-Tea 借势推出了其跨界新产品——茶香洗发水，并官方发文："磅礴的雨模糊了你的眼，泥泞的水弄脏了你的秀发。雨水无情，但我们给你带来了茶香的清新问候，愿你在雨中也拥有好心情。"

心理距离。操纵方法与实验一相同，在心理距离近的分组中，参与者看到如下描述：假设近期在你的现居城市发生突发灾害。在心理距离远的分组中，参与者看到如下描述：假设近期其他城市发生了突发灾害。

2）实验步骤

消费者被随机分配到心理距离近与心理距离远两组，阅读相应的操纵材料。而后，用单一题项"无成本的情况下，你愿意尝试该品牌的产品"（1=非常不同意；7=非常同意），从使用意愿的角度来测量消费者对品牌的态度。

接着，对消费者的结构化渴求程度进行测量，测量量表参考 Neuberg 等学者于 1993 年提出的结构化渴求 11 题项测量量表，包括"进入某种情境后，我不知道自己能从中得到什么收益，这会让我感到不安""我会被那些打断我日常生活安排的事情所困扰""我喜欢清晰而有条理的生活方式""我喜欢每样东西都有固定的摆放位置""我习惯有规律、有秩序的生活""我喜欢确定的情况""我不喜欢在最后一刻改变计划""我讨厌和捉摸不定的人在一起""固定的作息时间能让我的生活更舒适""在不可预知的情况下，我会变得很兴奋""当规则不明确时，我会感到不自在"（1=非常不同意；7=非常同意）。其中，第 10 个题项"在不可预知的情况下，我会变得很兴奋"为反向测量题项，在后续取均值进行数据分析时会对其进行反向编码。上述 11 个题项的 Cronbach's α 系数为 0.84。

测量实验参与者的风险偏好程度，对其风险偏好程度的测量与实验三所使用的量表相同，用"我希望自己能成为一名登山者""我有时喜欢做一些有点吓人的事情，如尝试滑水运动""我想试试冲浪""我想学开飞机""我想去潜水""我想尝试跳伞""我喜欢从高跳板上跳水""我想驾驶一艘小而适合航海的帆船航行很长的距离""我想我会喜欢从高高的山坡上飞快地滑雪下山的感觉"（1=非常不同意；7=非常同意）；上述 9 个题项的 Cronbach's α 系数为 0.94。

对消费者心理距离的操纵检验题项与实验一相似，用单一题项"你感觉洪涝灾害发生的地点在空间上距离你的远近程度如何"对消费者的心理距离进行操纵检验（1=感知距离近；7=感知距离远）。

最后，对被试进行性别、年龄、居住城市等人口统计信息调查。

3. 数据分析

1）操纵检验

在心理距离远的操纵条件下，参与者能显著感受到更远的距离感[$M_{\text{心理距离近}}$=4.62，SD=1.73；$M_{\text{心理距离远}}$=5.32，SD=1.43；F（1，154）=7.56，p=0.01]。证明本次实验对心理距离的操纵有效，消费者能通过不同的文字描述，感受到不同的心理距离。

2）消费者对品牌使用意愿的差异

单因素方差分析（ANOVA）结果显示，与心理距离较近组相比，心理距离较远组的参与者对该品牌持有更高的使用意愿[$M_{\text{心理距离近}}$=5.23，SD=1.56；$M_{\text{心理距离远}}$=5.68，SD=1.16；F（1，154）=4.29，p=0.04]。该实验进一步验证了 $H_{5\text{-}1}$ 的稳健性，即相比于心理距离远，心理距离近会导致消费者对品牌借势推新产生更差的态度。

3）调节作用

与实验三相同，仍然采用 Spotlight Analysis 方法分析消费者风险偏好的调节作用。利用 Process 模型 1，10 000 个 Bootstrap 样本和 95%的置信区间，将心理距离（心理距离近 vs 心理距离远）作为自变量（0=心理距离近；1=心理距离远），风险偏好作为调节变量，消费者对该品牌的使用意愿作为因变量。

结果显示，心理距离（心理距离近 vs 心理距离远）和消费者风险偏好（低风险偏好 vs 高风险偏好）之间存在交互作用（β=−0.46，t=−3.33，p=0.00）。Spotlight Analysis 结果显示，低风险偏好的消费者（M_{-1SD}）在心理距离近的时候，对品牌的使用意愿显著比心理距离远的时候差（$M_{\text{心理距离近}}$=4.42 vs $M_{\text{心理距离远}}$=5.55，β=1.14，p=0.00），而对于高风险偏好的消费者（M_{+1SD}）这种差异是不显著的（$M_{\text{心理距离近}}$=6.01 vs $M_{\text{心理距离远}}$=5.82，β=−0.19，p=0.49），如图 5-5 所示。

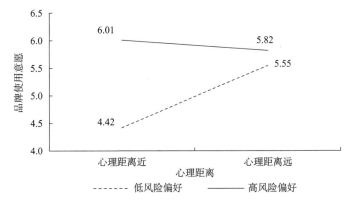

图 5-5　消费者风险偏好对其品牌使用意愿的调节作用

4）中介作用

为了测试在消费者风险偏好的调节作用下，结构化渴求的中介作用是否成立，采用 Process 模型 7，10 000 个 Bootstrap 样本和 95% 的置信区间。结果显示在风险偏好的调节作用下，结构化渴求的中介作用显著（$b=-0.307\,2$，SE=0.154 5，LLCI=$-0.629\,9$，ULCI=$-0.024\,1$）；在控制结构化渴求后，消费者心理距离对品牌使用意愿的影响不再显著（$b=0.016\,8$，SE=0.169 2，LLCI=$-0.317\,4$，ULCI=0.351 0），说明结构化渴求的中介作用存在，并且起到了完全中介作用。

对于低风险偏好的消费者（M_{-1SD}），消费者心理距离经由结构化渴求对品牌使用意愿的影响显著（$b=0.891\,1$，SE=0.324 5，LLCI=0.293 0，ULCI=1.560 3）。对于高风险偏好的消费者（M_{+1SD}），消费者心理距离经由结构化渴求对品牌使用意愿的影响不显著（$b=0.004\,6$，SE=0.192 7，LLCI=$-0.377\,8$，ULCI=0.367 6）。

4. 结果讨论

实验四验证了 H_{5-1}、H_{5-3} 和 H_{5-4}：在品牌借势推出低契合度的新产品时，心理距离近（vs 心理距离远）的消费者对该品牌持更低的使用意愿。通过选择不同的因变量（品牌态度、购买意愿、使用意愿等），从多个维度验证了 H_{5-1} 的稳健性；且这一效应是通过消费者结构化渴求来中介的，消费者风险偏好起到了调节作用。消费者心理距离近的时候，若品牌开展借势推新行为，低风险偏好的消费者会因为自身控制感降低而产生更强烈的结构化渴求，因此对于品牌延伸出新的产品表现出更低的使用意愿，对品牌延伸这一"越界行为"持有更差的态度；而对于高风险偏好的消费者，他们本身偏好惊险和变化，结构化渴求较弱，不会在心理距离远近不同的情况下有明显的使用意愿和对品牌态度的差异。此外，两种情况下，高风险偏好的消费者都比低风险偏好的消费者对借势推新的品牌有更高的使用意愿，即对品牌有更好的态度，对借势推新产品的行为持有更高的包容度。

5.4.5 实验五

1. 实验目的

考虑到品牌借势营销在现实生活中的实际案例，无论突发事件发生在何处，都有世界各地的品牌开展借势营销，即不同空间距离的借势营销在生活中频繁出现，故前四个实验均选择"空间距离"作为心理距离的代表，来探究心理距离对消费者品牌态度的影响。但实际上，我们认为心理距离的各个维度都会对消费者的态度产生影响。因而实验五将以"社会距离"这一维度作为心理距离的代表，从社会距离的维度设置与此前不同的借势营销操纵情境，更全面地验证心理距离其他维度对消费者态度的影响，进一步验证 H_{5-1}、H_{5-3} 和 H_{5-4} 的稳健性。

2. 实验方法

1）操纵材料

借势推新。实验五采用了与实验四相同的借势营销情境。

社会距离。操纵方式参考 Trope 等学者对社会距离的定义，从群体内和群体外的角度进行操纵，在心理距离近的分组中，参与者看到如下描述：假设近期发生了特大洪涝灾害，你好友所在的小区也受到波及，给他/她的出行造成了极大不便；在心理距离远的分组中，参与者看到如下描述：假设近期发生了特大洪涝灾害，当地 X 小区受到了波及，给 X 小区居民出行造成了极大不便（X 小区内没有你认识的人）。

2）实验步骤

本实验采用 2（消费者心理距离：近 vs 远）×2（消费者风险偏好程度：低 vs 高）的双因素组间实验设计方法，借助问卷星平台收集数据，有 222 位参与者参与了本次实验（其中男性占比 32.9%，平均年龄为 31 岁）。

被试首先被随机分配到心理距离近与心理距离远两组，阅读相应的操纵材料。

用单一题项"你喜欢新推出的产品"（1=非常不同意；7=非常同意），来直观地测量消费者对新产品的态度；用单一题项"你有很大可能性购买该品牌的产品"（1=非常不同意；7=非常同意），从购买意愿的角度来测量消费者对品牌的态度。选择两个不同因变量，希望能够从直白的态度和购买意愿两个角度验证社会距离对消费者总体态度的影响作用，更可靠地检验各项假设的稳健性。

而后，对参与者的结构化渴求进行了测量，具体的测量题项均与实验四相同，包括"进入某种情境后，我不知道自己能从中得到什么收益，这会让我感到不安""我会被那些打断我日常生活安排的事情所困扰""我喜欢清晰而有条理的生活方式""我喜欢每样东西都有固定的摆放位置""我习惯有规律、有秩序的生活""我喜欢确定的情况""我不喜欢在最后一刻改变计划""我讨厌和捉摸不定的人在一起""固定的作息时间能让我的生活更舒适""在不可预知的情况下，我会变得很兴奋（后续将反向编码）""当规则不明确时，我会感到不自在"（1=非常不同意；7=非常同意）。经信度检验，在本次实验中，上述 11 个题项的 Cronbach's α 系数为 0.80。

对被试风险偏好程度的测量与实验三使用的量表相同，用"我希望自己能成为一名登山者""我有时喜欢做一些有点吓人的事情，如尝试滑水运动""我想试试冲浪""我想学开飞机""我想去潜水""我想尝试跳伞""我喜欢从高跳板上跳水""我想驾驶一艘小而适合航海的帆船航行很长的距离""我想我会喜欢从高高的山坡上飞快地滑雪下山的感觉"（1=非常不同意；7=非常同意）；经信度检验，在本次实验中，上述 9 个题项的 Cronbach's α 系数为 0.92。

对消费者心理距离的操纵检验题项与前四个实验不同，用"你认为洪涝灾害距离你的远近程度如何"与"你认为洪涝灾害与你的关系远近如何"（1=感知距离近；7=感知距离远）2 个题项对消费者的心理距离进行操纵检验。

最后，对被试进行性别、年龄、居住城市等人口统计信息调查。

3. 数据分析

1）操纵检验

用题项"你认为洪涝灾害距离你的远近程度如何"与"你认为洪涝灾害与你的关系远近如何"2 个题项对消费者的心理距离进行操纵检验（1=感知距离近；7=感知距离远）。在心理距离远的操纵条件下，参与者能显著感受到更远的距离感[$M_{心理距离近}$=4.49，SD=1.27；$M_{心理距离远}$=5.00，SD=1.24；$F_{(1, 220)}$=9.47，p=0.00]。证明本次实验对心理距离的操纵有效，消费者能通过不同的文字描述，感受到不同的心理距离（社会距离）。

2）消费者对品牌使用意愿的差异

单因素方差分析（ANOVA）结果显示，与心理距离较近组相比，心理距离较远组的参与者有更大可能性购买该品牌产品，即他们的购买意愿更强[$M_{心理距离近}$=5.16，SD=1.32；$M_{心理距离远}$=5.48，SD=1.05；$F_{(1, 220)}$=3.91，p=0.05]，从购买意愿的角度证明了心理距离远的消费者比心理距离近的消费者对品牌持有更好的态度，再次验证了 H_{5-1} 的稳健性。

3）调节作用

用 Spotlight Analysis 方法分析消费者风险偏好的调节作用。利用 Process 模型 1，10 000 个 Bootstrap 样本和 95%的置信区间，将心理距离（心理距离近 vs 心理距离远）作为自变量（0=心理距离近；1=心理距离远），消费者风险偏好作为调节变量，消费者对新产品的态度和对该品牌的购买意愿分别作为因变量，从对新产品的态度与对原品牌的购买意愿两个角度来多维度测量消费者的品牌态度，使结果更具有普适性。

消费者对新产品的态度作为因变量时，结果显示心理距离（心理距离近 vs 心理距离远）和消费者风险偏好（低风险偏好 vs 高风险偏好）之间存在交互作用（β=-0.31，t=-2.35，p=0.02）。Spotlight Analysis 结果显示，低风险偏好的消费者（M_{-1SD}）在心理距离近的时候，对品牌推出新产品态度显著比心理距离远的时候差（$M_{心理距离近}$=4.66 vs $M_{心理距离远}$=5.18，β=0.52，p=0.02），而对于高风险偏好的消费者（M_{+1SD}），这种差异是不显著的（$M_{心理距离近}$=5.92 vs $M_{心理距离远}$=5.69，β=-0.23，p=0.29），如图 5-6 所示。

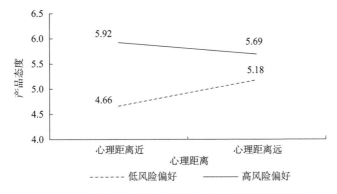

图 5-6　消费者风险偏好对其新产品态度的调节作用

当消费者对该品牌的购买意愿作为因变量时,结果显示心理距离(心理距离近 vs 心理距离远)和消费者风险偏好(低风险偏好 vs 高风险偏好)之间同样存在交互作用(β=-0.39, t=-3.19, p=0.00)。Spotlight Analysis 结果显示,低风险偏好的消费者(M_{-1SD})在心理距离近的时候,对品牌的购买意愿显著比心理距离远的时候低($M_{心理距离近}$=4.24 vs $M_{心理距离远}$=5.21, β=0.96, p=0.00),而对于高风险偏好的消费者(M_{+1SD}),这种差异是不显著的($M_{心理距离近}$=5.81 vs $M_{心理距离远}$=5.83, β=0.02, p=0.91),如图 5-7 所示。

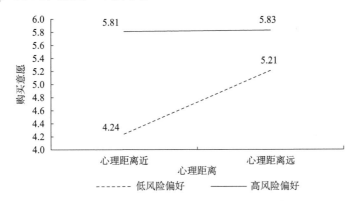

图 5-7　消费者风险偏好对其购买意愿的调节作用

4)中介作用

为了测试在消费者风险偏好的调节作用下,结构化渴求的中介作用是否成立,仍然采用 Process 模型 7, 10 000 个 Bootstrap 样本和 95%的置信区间来进行中介效应的检验。结果显示,在风险偏好的调节作用下,消费者对新产品的态度作为因变量时,结构化渴求的中介作用显著(b=-0.258 5, SE=0.113 4, LLCI=-0.510 5, ULCI=-0.061 6);而在控制结构化渴求后,消费者心理距离对其新产品态度的影响不再显著(b=0.055 2, SE=0.142 1, LLCI=-0.224 9, ULCI=0.335 3),说明结构化渴求起到了完全中介作用。将消费者对品牌的购买意愿作为因变量时，结构化渴求的中介作用同样显著（b=-0.269 0，SE=0.117 1，LLCI=-0.526 8，ULCI=-0.069 0）。

可见，无论是心理距离对于消费者对新产品态度的影响还是对原品牌购买意愿的影响，结构化渴求的中介作用都是显著的。

4. 结果讨论

实验五从"社会距离"的角度对实验进行了补充，从更多维度检验了"心理距离"对消费者态度的作用。本实验再一次验证了 H_{5-1}、H_{5-3} 和 H_{5-4} 的稳健性，增加了研究结论的可信度，拓展了研究结论的适用范围：在品牌借势推出低契合度的新产品时，心理距离近（vs 心理距离远）的消费者对该品牌持更低的购买意愿和更差的态度；消费者风险偏好在这一过程中起到了调节作用。消费者心理距离近的时候，若品牌开展借势推新行为，低风险偏好的消费者在突发事件下控制感降低，结构化渴求提升，进而会对品牌延伸的新产品表现出更低的购买意愿和更差的态度，即对做出品牌延伸行为的品牌持有更差的态度，降低购买该品牌产品的意愿；而高风险偏好的消费者，面对突发事件时死亡凸显效应弱，结构化渴求不会在很大程度上提升，因而在心理距离远近不同的情况下，他们不会在购买意愿和对品牌的态度方面有显著差异。在这一过程中，"消费者对结构化的渴求"起到了中介作用。

5.5　本　章　小　结

5.5.1　研究结论

本章从现实生活中频繁出现的品牌借突发事件之势营销自己的产品这一现象出发，以"品牌延伸推出新产品"作为营销行为的典范来切入研究，探索品牌借突发事件之势推出新产品时，心理距离对消费者品牌和产品态度的影响。

本章通过五个实验证明了提出的假设：品牌借突发事件推出新产品时，与心理距离远相比，心理距离近会导致消费者对借势推出的新产品持有更差的态度（实验一）。在这一过程中，品牌延伸契合度起到了调节作用，在品牌延伸契合度低的情况下，与心理距离远相比，心理距离近会导致消费者对借势推新的品牌持有更差的态度；品牌延伸契合度高的情况下，心理距离对消费者品牌态度无显著影响（实验二）。消费者风险偏好在这一过程中同样起到了调节效应，对于低风险偏好的消费者，与心理距离远的情况相比，心理距离近会导致消费者对借势推新的品牌持有更差的态度；对于高风险偏好的消费者，心理距离远近对于消费者的品牌态度无显著影响（实验三）。结构化渴求在心理距离与消费者风险偏好的交互作用过程中起到了中介作用，品牌借突发事件推出低契合度新产品时，在心理距离近的情况下，借势推新会提升他们对于结构化的渴求，从而降低他们对品牌的态度（实验四、实验五）。

考虑到研究结论在实践中的应用意义，本章的前四个实验均选取了空间距离作为心理距离的代表维度来进行研究，但是实验五将心理距离的维度拓展到社会距离，并得出本章的研究结论在社会距离等其他维度也同样适用，即各项研究结论具有一定普适性。

5.5.2 研究贡献

1. 理论贡献

首先，本章的研究在一定程度上对传统的恐惧管理理论进行了丰富、完善和补充，将恐惧管理理论应用在品牌延伸的场景下，进一步拓展了其适用场景；运用解释水平理论，创新性地将恐惧管理理论中传统意义的死亡凸显效应和语义概念上的死亡凸显效应两种机制结合起来，研究想法具有一定的创新性。本章探讨了在企业借突发事件之势做出品牌延伸推出新产品情境下，消费者心理距离对其品牌态度的影响，而区别于现有的针对消费者捐赠意愿的研究，在研究问题、研究切入点的选择上比较有创新性。

其次，本章以"结构化渴求"作为中介变量，这一变量的选择比较新颖。此前用定量研究方法研究结构化渴求的文献不多，而本章采用了定量研究的方法，证明了在死亡凸显效应下，消费者思维边界变窄，结构化渴求增加，进而影响消费者的品牌态度。这些研究结论对结构化渴求这一概念的解释范围进行了延展，用定量研究的发现对一些人所持的"死亡面前，人们不会再关注结构化与否"的观点做出了辩驳和回应；同时，也在一定程度上拓展了结构化渴求这一概念的应用和解释范围。

最后，本章关注消费者心理距离和消费者风险偏好的交互作用。对于低风险偏好的消费者，心理距离近的突发事件会激发死亡凸显，使其自身控制感降低，结构化渴求增加，品牌借势推新的行为与其结构化的需求相悖，因此会引发他们较强的抵触情绪，导致其对品牌持有较差的态度；而在心理距离远的情况下，突发事件激发消费者语义概念上的死亡凸显，不会很大程度地降低消费者的控制感，也不会明显增加其结构化渴求，所以消费者对品牌借势推新的态度会相对更好。

但对于高风险偏好的消费者，由于他们本身的结构化渴求很低，向往不同寻常的、充满变化的生活，不喜欢一成不变、墨守成规，因而他们对心理距离远近不同的品牌借势推新的态度不会表现出明显差异。

2. 实践贡献

本章的结论对于突发事件下企业的借势推新、品牌延伸等行为具有一定的借鉴和参考作用，可以为企业的相关决策提供借鉴及理论依据。

品牌借负面事件之势进行营销一直是一个颇具争议性的话题，相比于具有积极意义的正面事件，消费者对威胁生命安全的负面事件更为敏感，会给予更多关注。因此，在灾难下的营销行为需要更加谨慎，因为极易让消费者感知到企业只为自身谋取经济利益、博取用户关注，缺乏社会责任感、没有担当精神，导致企业引火烧身，对品牌形象造成极大损害，甚至会产生长远的、持续性的不良影响。突发事件因其征兆微弱、发生突然、危害性强、影响广泛等特点，是负面事件的典型，也成为很多企业借势营销的切入点，在现实生活中，企业借突发事件之势来营销自己品牌的案例屡见不鲜。

本章以实际生活为背景，研究了在突发事件下消费者心理距离对消费者品牌态度的影响，研究结果让企业对于突发事件下品牌推出新产品后的消费者反应有了更深入的了解，对企业是否应该采取借势推新行为、在何种情况下可以采取借势营销行为、针对何种类型的消费者更宜采取借势营销行为等有关问题的决策，具有一定借鉴和参考意义。

研究发现，消费者心理距离较近的情境会引发消费者真实的、传统意义上的死亡焦虑感，此时，若品牌借势推出新产品会引发消费者的抵触情绪，使其对品牌及新产品产生消极的态度和较低的使用、购买意愿。尽管就近发生的突发事件具有广泛的影响力和极高的关注度，我们不建议企业借势进行品牌延伸及推新行为，因为会引发当地消费者较强的负面情绪，不会带来很好的营销效果，也不利于在消费者心中树立良好的品牌形象。相反，若消费者心理距离较远，在语义概念上的死亡凸显效应下，消费者可能会对企业品牌延伸的行为有更强的包容性。

此外，企业在借突发事件进行品牌延伸或其他营销活动之前，应当对用户特征有所了解，可以借助互联网、大数据等手段，对用户展开广泛调研，收集用户的有关信息，以达到知己知彼。若调研结果表示，大部分用户是低风险偏好的，则不建议盲目进行借势推新，因为突发事件背景下，低风险偏好的消费者会出现自身控制感降低而产生更强烈的结构化渴求，对于品牌延伸这种"越界的、不熟悉的行为"会表现出抵触情绪和较差的态度，此时借势推新非但不能起到宣传品牌和新产品的目的，还可能产生"得不偿失、引火烧身"的后果，不利于品牌建立良好口碑和长期发展。

5.5.3　研究展望

本章对已有文献进行了相对详细的归纳总结和梳理，在此基础上提出了研究模型，用实验研究的方法对各项研究假设进行了验证。后续研究可从以下几个方面开展。

首先，研究聚焦于品牌借突发事件推出新产品、做出品牌延伸行为的背景下，消费者心理距离对其品牌态度的影响。影响消费者对品牌延伸态度的因素有很多，消费者心理距离只是众多影响因素之一，未来可以考虑品牌历史长短、品牌个性（可靠、真诚、大胆、高贵、粗犷）、品牌主营产品的属性（实用型、享乐型等）等其他因素对消费者品牌态度的影响，这些因素均具有一定研究价值。

其次，未来可以考虑进行实地实验，增加具体的行为变量，实地观察消费者的购买、使用行为，研究品牌借突发事件推出新产品时，消费者心理距离对其真实购买行为的影响，对现有的因变量进行补充，从而保证研究结论的稳健性和普适性。

最后，生活中有很多品牌借突发事件开展跨品类延伸行为的真实案例，未来可以在合适的时点，通过定性研究方法，对消费者开展访谈，剖析消费者心理机制，观察其对待真实借势营销行为的态度；也可以仍然选择定量研究的方法，在品牌做出借势营销行为后一段时间，对比不同心理距离下，采取借势营销行为的品牌真实销售数据的变化情况，从而进一步验证和补充本章的结论，使其具备更加充分可靠的实践指导意义。

第 6 章　借势营销中的品牌沟通策略

6.1　品牌沟通策略的现实背景

随着互联网的发展与智能手机的普及，我们已身处社交媒体时代。以微信、微博两个代表性社交媒体为例，截至 2022 年 6 月，一个月内至少使用一次微信的用户数为 12.99 亿，一个月内至少使用一次微博的用户数为 5.82 亿。2019 年中国人每人每天平均花在社交媒体上的时间为 139 分钟[①]。从数据中可以看出，社交媒体不仅拥有如此庞大的用户规模，还拥有平均每天两小时的用户使用时长，无疑是品牌营销的绝佳平台。

社交媒体赋予了品牌与消费者一个全新的沟通平台。一方面，社交媒体具有丰富的功能与互动机制。品牌与消费者都能够在社交媒体上发布图片、文字、音乐、视频、超链接等多种类型的帖子，还能利用评论、转发等多种互动机制，这使得消费者与品牌的信息沟通更加畅通无阻。另一方面，社交媒体具有极强的时效性与传播性。品牌与消费者的沟通在社交媒体上是实时的，当品牌在社交媒体发布帖子时，消费者能在第一时间内收到提醒并立刻对品牌的帖子内容做出反应：用户可以评论表达观点态度，还可以将帖子转发扩散给更多的人，甚至可以将品牌推上全网的热点话题。因此，品牌在社交媒体的沟通中需要投入更多的精力，应当认真思考如何与消费者有效沟通，以引导消费者后续行为朝着品牌期望的方向发展。

品牌沟通在负面事件借势营销中扮演着重要的角色。在负面事件营销中，品牌取得的效果不尽相同。例如，某手机品牌在另一品牌手机发生产品伤害危机时以戏谑的口吻与消费者沟通，用"焦绿"替换"焦虑"来调侃另一品牌手机的屏幕发绿光，像人类一样调侃竞争对手品牌。这既为该品牌带来了不少消费者的赞赏，也为该品牌带来了一些消费者"重翻品牌产品伤害危机'旧账'"的风险。

---

① 新华网. 微信晒出 2019 年成绩单. http://www.xinhuanet.com/info/2020-01/10/c_138692663.htm，2020-01-20.

那么, 品牌在社交媒体上究竟应该如何与消费者沟通, 才能利用借势营销打动更多的消费者, 而不是为品牌带来潜在的风险与伤害? 对于这一问题, 目前学界的研究还没有明确的答案。虽然已经有众多学者验证了品牌在社交媒体上采用非正式、人类般的沟通口吻与消费者沟通, 会有助于消费者的品牌态度、购买意愿的提升。例如, 一家酒店品牌在日常运营社交媒体中问候消费者时, 使用人类口吻沟通 ("转眼到了周一, 大家周一快乐呀! 我们非常希望您这周内万事顺利! [微笑]") 会比使用公司口吻沟通 ("周一到了, 某某酒店在此祝愿各位本周开心顺利") 更显著提升消费者的态度。

但遗憾的是, 这些研究限于日常媒体运营这一情境下, 其沟通口吻在品牌的借势营销中是否依然适用还不得而知。此外, 在现实中, 品牌的社交媒体借势营销早已风行多年, 借势营销的案例众多, 已积累了许多可用的经验, 但在从现实的案例中寻找线索时, 我们发现不同品牌在真实的市场营销活动中尚未能针对该问题达成共识。例如, 在借势营销中既可以用随意、非正式的口吻回应该事件, 又可以用官方、正式的口吻通知消费者。对比二者可以发现, 相比于官方、正式的口吻, 随意、非正式的沟通更富有人性, 似乎更能够拉近品牌与消费者的距离, 但消费者对此的态度究竟如何, 目前还无法知晓。

因此, 本章将针对负面事件借势营销中品牌社交媒体沟通方面的研究空缺, 从策略探究的角度, 研究负面事件发生后, 品牌该采用何种沟通口吻进行借势营销以取得最佳效果, 并且识别其背后的调节与中介机制, 丰富品牌社交媒体借势营销的理论成果与实践指导。

6.2 品牌沟通策略的理论基础

6.2.1 产品伤害危机及其溢出

产品伤害危机是指偶尔发生且被广泛宣传的关于某个产品有缺陷或者是对消费者有危害的事件。例如, 三聚氰胺奶粉事件、手机电池爆炸事件等。产品伤害危机不仅会对品牌本身造成负面影响, 还可能会对品牌的竞争对手乃至整个品类所在的行业产生影响。

溢出是指与一个主体有关的信息影响到在该信息中没有被直接提及的、另外的主体的现象。溢出效应可以发生在企业内部, 如产品属性之间的溢出, 某个产品的一个属性出现了产品负面危机, 可能会使消费者对产品其他属性存在问题的可能性产生推测; 又如品牌组合下的品牌之间的溢出, 某个子品牌出现产品负面危机时，可能会对其母品牌产生负面影响，也可能会对同一品牌组合下的其他子品牌产生负面影响。溢出效应还可以发生在企业外部，如对同品类竞争对手的溢出。一个品牌的产品危机不仅可以影响消费者对竞争对手的品牌态度、购买意愿，甚至可以影响竞争对手的股票价值。

产品伤害危机的负面溢出效应受到危机品牌的代表性、与竞争品牌的相似程度等因素的影响。当发生危机的品牌不是品类中的代表性品牌，或者品牌的产品属性与竞争对手不够相似时，负面溢出不大可能发生。甚至当竞争品牌与危机品牌不大相似时，竞争品牌可以获得正面的溢出。此外，品牌声誉、品牌相对地位也是影响溢出的因素。一方面，声誉会导致发生危机的品牌产生不同的溢出。高声誉品牌的危机容易对竞争对手产生负面溢出，而低声誉品牌的危机却可能对竞争对手有正面效应。另一方面，竞争对手品牌的声誉能在不同程度上对抗溢出的负面影响。高声誉的竞争品牌能比低声誉的竞争品牌更好地承受溢出带来的伤害，甚至可以从溢出中获得好处。与强势品牌相比，一个弱势品牌受到的负面溢出效应更严重，强势品牌与弱势品牌的负面溢出效应是非对称的，即强势品牌对弱势品牌的溢出强于弱势品牌对强势品牌的溢出。

面对产品伤害危机可能带来的负面溢出效应，竞争品牌会采取一系列的危机响应策略来降低负面溢出的伤害。例如，竞争品牌可以通过否认策略，增强消费者对竞争品牌与危机品牌之间差异性的感知，从而降低产品伤害危机的负面溢出。然而只有当溢出发生后，竞争对手对品牌进行否定才有意义，若溢出未发生，消费者会怀疑竞争对手的否定策略是出于内疚，导致消费者的怀疑增加。也有学者对无响应行动、道歉等策略展开讨论，发现响应危机的竞争对手会对未响应的竞争对手有影响：当危机对行业的溢出水平较高时，采取否认策略（相比于促销策略）的竞争对手，会降低消费者对未响应危机的竞争对手的态度。此外，品牌要慎重对待道歉广告这一方式，社交媒体的真实数据建模的结果显示，当危机品牌对产品伤害危机中的召回使用道歉广告时，消费者会给予产品危机事件更多的注意力，这不仅会为危机品牌增加负面影响，还可能会对竞争对手品牌产生负面溢出。

6.2.2 社交媒体与品牌沟通

社交媒体被广泛地定义为"一种基于互联网的应用程序，它们构建于 Web 2.0 的理论基础与技术基础之上，允许用户创建和交换内容"。早在 2009 年，已有学者对社交媒体进行了分类，如博客、互动小游戏、微博、聊天应用、社交网络等。社交媒体类型丰富，且保持着不断更新，十几年来，随着互联网与智能手机的普及，社交媒体的市场已呈现出一种新的格局。Statista（2023）的调研结果显示，截至 2023 年 10 月，全球活跃用户最多的社交媒体分别为 Facebook、YouTube、WhatsApp、Instagram、微信、Tiktok 等。社交媒体区别于传统的电视、报纸媒体的一大特征是，社交媒体极大覆盖了不同的性别、年龄、职业、受教育程度、地区的广大人群；同时，社交媒体上的信息是实时的，这在最大程度上给予了每一个消费者快速获取信息的渠道。

社交媒体早已成为公司营销的关键平台，公司可以通过社交媒体影响消费者的购买决策、促进口碑沟通，将目标用户吸纳为品牌的代言人，使得这些用户能够利用社交媒体将这些广告再推送给其朋友们。不仅如此，社交媒体还可以帮助企业与消费者建立良好的关系，帮助企业对市场舆情展开监测，促进企业了解消费者的情感反应，从而更好地维护客户关系。有研究表明，从在线消费者的讨论与口碑评价中，可以推测商家的销售情况，还可以预测企业在股票市场上的表现。但是社交媒体也为企业带来了风险：企业若是遭遇负面事件，负面新闻在社交媒体上传播速度很快，此时在线消费者对负面事件的讨论可能会释放出更多与企业表现相关的信息，从而对企业造成灾难性伤害。因此，企业享受社交媒体在营销方面带来的益处时，也应当要像对待传统的大众传媒一般，选择适当的沟通策略。社交媒体渗透到了消费者生活的方方面面，但也为选择恰当的沟通策略带来了风险和挑战。

社交媒体被视为品牌传播的一种渠道或媒介，每一种社交媒体都有其特定的架构、文化和规范。已有不少学者根据社交媒体的特征对社交媒体平台进行了分类，Zhu 和 Chen（2015）基于社交媒体的两个特征归纳了一种社交媒体的分类方法，这两个特征分别是联系的性质（基于个人资料或基于内容）与信息定制程度（定制服务能够满足个人特殊偏好的程度）。由此，社交媒体可以被分成四类：①关系型媒体，基于个人资料且绝大部分内容由定制信息组成，如 Facebook、LinkedIn、微信；②自媒体，同样基于个人资料，但人们可以管理自有的社交媒体沟通渠道，如 Twitter 和微博；③创意平台，基于内容且允许用户分享自己的兴趣和创意，如 Youtube、Instagram、抖音等；④协作平台，基于内容且允许人们提出问题、获得建议或查找当天最有趣的新闻和内容，如 Quara、Reddit、今日头条等。此外，Kaplan 和 Haenlein（2010）认为社交媒体的定义特征包括社会临场/媒体丰富度、自我表述/自我披露，根据这些特征可以将社交媒体分成协作项目、博客、内容社区、社交网站、虚拟游戏世界和虚拟社交世界。

由于社交媒体是互联网的产品，也可以从产品的享乐价值与实用价值的角度来分类。根据前人研究，任何一种产品都能为消费者提供享乐价值或实用价值，且消费者在体验产品的过程中，可能同时获得享乐价值与实用价值。同理，社交媒体平台也能够为消费者提供不同的享乐价值与实用价值。例如，消费者能够通过品牌的社交媒体账号了解产品、折扣等信息以获得实用价值，还能够通过社交媒体与品牌或其他消费者的互动等社交行为带来的愉悦感以获得享乐价值。同样，社交媒体能够兼备享乐与实用价值。例如，当消费者利用今日头条这一社交媒体来学习财经知识、了解国家大事时，今日头条便是实用型社交媒体；当消费者利用今日头条看小说、看搞笑视频时，今日头条便是享乐型社交媒体。因此，根据消费者的感知，社交媒体可被分为享乐型社交媒体与实用型社交媒体。当消费者认为某一社交媒体的功能是实用的、必要的、有实际帮助时，该社交媒体为实用型社交媒体；当消费者认为某一社交媒体能够为其带来享受、愉悦等感觉时，该社交媒体为享乐型社交媒体。社交媒体的不同功能和特征会转化为不同的消费者体验，进而可能影响消费者对社交媒体上的广告的态度。

社交媒体上的品牌沟通被定义为"通过社交媒体分发的，使得互联网用户能够访问、分享、参与、添加和共同创造的任何与品牌相关的沟通"。社交媒体上的品牌沟通有多种形式，不只是狭义的广告人员投放在第三方平台上用于劝说消费者的沟通，还包含品牌的官方主页的运营、对用户生成内容（user-generated content，UGC）的鼓励与反应等。有学者针对近年来技术与媒体的发展，对广告进行了全新的定义，认为广告"旨在影响人们由品牌发起的沟通"，因此品牌在社交媒体上的沟通其实也是品牌广告的一种方式，语境对品牌沟通的重要性也不容小觑。过去大量的研究表明，广告中的品牌沟通方式（如第一人称，比喻手法、主张坚决的语言等）会对消费者带来影响。因此，在社交媒体的品牌沟通中，品牌不论是采取何种形式（官方主页、UGC、社交媒体广告等）与消费者展开品牌沟通，都应当要注意沟通方式可能给消费者带来的潜在影响。

社交媒体沟通中的信息传播并非像传统媒体一样是单向传递，而是消费者与品牌的双向传递。因此，就沟通方式而言，人们更希望与企业在社交媒体上进行人类般的对话，而不是像阅读新闻通告般单方面接受信息。针对沟通方式，学者们展开了一系列的研究。有学者在博客的背景下提出了"对话式的人类口吻"，并且将其定义为"群体根据个人与组织之间的互动而感知到的一种自然而有趣的组织沟通方式"。在此基础上，学者进一步将沟通方式分为"人类口吻"与"公司口吻"。人类口吻是指一种更为自然、亲密、人类风格的在线交流形式，与传统上公司在沟通中采用的令人疏远的、正式的"公司口吻"相反。尽管从词汇概念上来说，"人类口吻"这一概念通常与言语措辞的选择相关，但是人类口吻的展示并不仅仅是言语措辞的选择，还有传递人格的方式。

人类口吻可以通过多种载体展示，如言语措辞（如"今天降温咯，大家记得添衣哦"而不是"今日降温，在此提醒您注意保暖"）、表情包、符号（如感叹号、省略号等）、社交媒体主页的头像（如真人照片而不是公司商标）等。此外，还有学者提出类似人类口吻的构念，如非正式的沟通方式、个性化沟通方式、人形品牌形象展示。当消费者拥有只有在人际社会交流时才能体验得到的信息往来时，会提高成就感、增加对品牌的信任，并产生愉悦感。

社交媒体平台的丰富的互动机制（如关注、点赞、评论、转发、私信等），为品牌提供了与用户深入沟通的平台，也对品牌沟通提出了更大的挑战。早在博客年代，便有学者验证相比于传统的公司网站，公司使用社交媒体沟通更容易让消费者感觉到公司的"对话式的人类口吻"。沟通口吻是影响社交媒体这一沟通渠道的重要因素，能够显著促进消费者的信任、满意度与承诺。目前，随着社交媒体大量渗透进消费者的日常生活中，针对沟通口吻的研究也不断丰富。不同的沟通口吻可能对消费者产生不同的影响。使用人类口吻，能够增强消费者的感知互动性，带来消费者享乐价值的提升，从而提高购买意愿，获得更积极的品牌态度。同时，学者通过以 Facebook 为背景的眼动实验发现，采用人类口吻（相比于公司口吻）时人们的信息加工更多是启发性（而不是系统性）、在边陲路径（而不是中心路径）上。使用公司口吻沟通时，消费者会感到严肃、有距离感，甚至会感觉公司的沟通是偏向劝说的、出于利润考虑的。

但是，人类口吻在某些情境下却未必是品牌社交媒体沟通的最佳选择。研究发现，当消费者带着实用目标（而不是享乐目标）去浏览社交媒体时，人类口吻对购买意愿的影响明显减弱；当消费者的情境卷入度高时，对可能得到的结果更加敏感时，使用人类口吻反而会增加消费者的感知风险，降低购买意愿。此外，消费者可能会认为，只有自己熟悉的品牌才能够使用非正式的沟通方式，因此当消费者对品牌不熟悉时，使用非正式的口吻会让消费者认为不合适，降低消费者对品牌的信任。

目前，对于负面事件响应中应用沟通口吻的研究较为分散。在危机事件响应中，利用人类口吻能帮助品牌改善公共关系。当品牌遭遇负面口碑时候，品牌采用人类口吻可能有助于缓解消费者态度的恶化。这是由于，如果消费者自我与品牌之间关系亲密，那消费者会认为网络上对品牌的抱怨信息干扰了其周围环境，这使得消费者反驳负面口碑的欲望更强烈。此外，由负面口碑产生的负面品牌评价可以通过社交媒体在线客户的支持得到减轻。

6.2.3　品牌知名度

品牌知名度，是指品牌为消费者所知晓的程度。在现代汉语词典中，"知名"作为形容词，意为"著名的、有名的"。在英文中，与"知名"同义的形容词有"famous""well-known"。在国外的研究中，品牌知名度往往被定义为"brand awareness"（品牌意识）。品牌意识是指消费者对品牌知识的基本认识水平，尤其是品牌名称的知识。Hoeffler 和 Keller（2002）认为品牌意识有两个维度：首先是深度，意为消费者能够轻易地回想或者认出品牌；其次是广度，意为消费者将要购买某一产品时，某一品牌的名字能立刻浮现在他们的脑海中。Laurent 等（1995）为了能够更好地测量消费者的品牌意识，将品牌意识分成三个类别，分别是自发的品牌意识、最先想到的品牌意识和被辅助的品牌意识。自发的品牌意识是指，当消费者在没有任何提示的情况下被问及某个产品类别时可以自发说出某个品牌；最先想到的品牌意识是指，当消费者在没有任何提示的情况被问及某个产品类别时，能够自发最先说出某一个品牌；被辅助的品牌意识是指，当消费者被展示若干个品牌名称时，能够从中认识到这个品牌。

在市场营销的相关文献中，已有诸多研究表明了品牌知名度会影响消费者对品牌的态度和购买行为。Silk 和 Urban（1978）指出，品牌知名度是消费者行为决策中的关键考量因素之一，一个知名的品牌更容易被消费者考虑购买。Hoyer 和 Brown（1990）在定义"品牌意识"的同时，指出品牌意识对消费者的选择行为有重大影响，认为品牌意识是消费者在选择某类别的产品时的优先考虑标准。品牌的名称能够帮助消费者识别服务的提供者（即企业），并且消费者还会通过品牌名称预测服务的结果，当一个品牌拥有较高知名度时，该品牌往往拥有更高的市场份额，消费者对该品牌有着更高的产品质量感知和价值感知，从而有更高的购买意愿。因此，品牌的知名程度高，往往意味着品牌更高的产品质量、更高的消费者认同和更强大的品牌影响力。此外，品牌知名度还会影响品牌广告与营销策略的有效性。Campbell 和 Keller（2003）指出，消费者对知名品牌与不知名的品牌的广告重复有不一样的反应。相比于消费者已知的、熟悉的品牌，当面对一个陌生品牌的重复广告时，消费者更容易对其产生负面想法，导致消费者对品牌的态度恶化更快。

品牌知名度会影响消费者对品牌的判断和评估，因此品牌知名度与品牌声誉有着一定的联系。高知名的品牌能够获得消费者更为积极的品牌态度和购买意愿，有着更大的市场份额、更强大的品牌影响力。特别需要指出的是，品牌知名度无正负之分，只有高低之分，但品牌声誉有正负之分，非常知名的品牌可能会有非常负面的品牌声誉，消费者评价很差的品牌可能会在很大程度上被人们所熟知，正所谓"臭名昭著"。因此，本章所讨论的品牌知名度是基于品牌声誉为中性或正面的一般情况，不考虑品牌因为负面声誉、负面形象而为广大消费者所认知这类特殊情况。

过去的研究表明，品牌的知名程度高低在产品伤害危机时能产生不同效应。一个品牌的知名度是企业长时间的经营成果，是消费者在危机事件发生之前便拥有的对品牌的基本知识。根据消费者信息处理的相关理论，消费者对品牌的印象一旦形成，该印象就可能影响消费者的信息处理过程，此时消费者对于所接收的信息可能是具有选择性的，或是有所偏颇的。当消费者接收到产品伤害危机的相关信息时，消费者更容易去相信与自己先前印象一致的信息。因此，品牌的知名度是企业在面临产品伤害危机时响应策略选择的一个调节变量。此外，更高的品牌声誉还可以降低消费者在产品伤害危机发生后转向竞争对手品牌的可能性。

同样地，许多文献证明了品牌的知名度对产品伤害危机的负面溢出存在影响。当消费者接触到某一产品伤害危机的负面信息时，将联想到未发生产品伤害危机的其他同类品牌，同时用接收到的负面信息去推断非危机品牌存在同样负面事件的可能性，从而导致消费者心理对非危机品牌的认识的改变。Ahluwalia 等（2001）发现，不知名或者虚拟的品牌在负面危机中更容易遭受到溢出。对于知名的、受人喜爱的品牌，消费者的品牌承诺能够帮助消费者应对负面信息的溢出：消费者对品牌的承诺越高，越不容易因为外部的负面危机而改变对品牌的看法。Roehm 和 Tybout（2006）证明，当产品伤害危机发生后，若危机品牌在整个产品品类中具有代表性，或发生产品伤害危机的产品属性与其竞争品牌较为相似，则发生产品伤害危机的品牌存在对竞争品牌的溢出效应，否则对竞争品牌存有负面溢出的可能性较低。不仅如此，受到品牌知名度的影响，品牌之间的危机溢出效应是不对称的。知名度高的品牌在市场上有着更强大的影响力、更高的品牌地位。王军等（2015）发现了产品伤害危机中的非对称效应，一个强势的品牌能够给弱势的品牌带来更大的溢出效应。这是因为，强势品牌在行业中更具有代表性，与同类品牌的关系更加紧密，信息的诊断性更强，消费者对强势品牌的有关负面信息的可及程度更高，而弱势品牌的负面信息的可及性与诊断性不如强势品牌。类似地，Borah 和 Tellis（2016）的研究也发现了品牌地位带来的非对称性溢出现象，主导地位品牌的负面信息对非主导品牌的溢出较强，而非主导品牌的负面信息对主导品牌的溢出较弱。

6.3　品牌沟通策略的影响因素及分析

6.3.1　负面竞争性事件：沟通口吻与品牌知名度的影响

本部分探究在负面竞争性事件（产品伤害危机）的借势营销中，品牌的社交媒体沟通口吻与品牌知名度对消费者品牌态度的影响。从前人研究看，社交媒体的沟通不同于传统的媒体沟通，在社交媒体上，品牌与消费者的沟通是双向的、是互动的。因此，品牌采用人类般、对话般的口吻与消费者在社交媒体上展开沟通，不仅能够拉近品牌与消费者的距离，增强消费者与品牌的自我连接，还能增加消费者在浏览社交媒体过程中的参与度与快乐，从而正向影响消费者的品牌态度。但人类口吻的使用情境需要考虑品牌与消费者的关系、事件性质等，否则品牌使用人类口吻可能会被认为是不合适的，甚至可能增加消费者的感知风险，从而影响品牌态度。在产品伤害危机这一负面事件背景下，品牌的沟通口吻更需要仔细考量。

产品伤害危机可能对同品类的竞争对手甚至对全行业产生负面溢出，但不同地位的品牌遭受的溢出有所差异。因为高知名品牌意味着更广大的消费者基础、更强的品牌实力，所以知名度可以帮助品牌更好地应对产品伤害危机的负面溢出。此时，高知名的品牌采用人类口吻，能够增强与消费者之间的联结与亲密感，为产品伤害危机中缺乏安全感的消费者降低对与危机品牌同一类型的自有产品的感知风险，因此得以在产品伤害危机中提升消费者的品牌态度。然而，低知名度的品牌在市场上缺乏品牌话语权、缺乏消费者的认知，更容易遭受产品伤害危机的负面溢出，不被消费者信任。此时，低知名品牌更需要通过正式的公司口吻来展现公司对产品质量控制的重视，传递公司的可靠性，尽可能降低产品伤害危机的负面溢出。故假设：

$H_{6\text{-}1a}$：当品牌为高知名品牌时，产品伤害危机借势营销采用人类口吻（vs 公司口吻）能带来更高的品牌态度。

$H_{6\text{-}1b}$：当品牌为低知名品牌时，产品伤害危机借势营销采用公司口吻（vs 人类口吻）能带来更高的品牌态度。

6.3.2　负面竞争性事件：劝说知识的中介作用

本部分探究劝说知识的中介作用。品牌营销的方式随着互联网的发展不断发展，拥有十分多样的形式。相应地，消费者的劝说知识也随着互联网的深入体验而不断丰富，对社交媒体上的营销手段的识别能力也不断增强。学者们对社交媒体内容营销中的消费者的劝说知识进行了一系列研究，有学者发现当 Facebook 的帖子由品牌发布时，帖子是否披露包含品牌赞助对消费者的劝说知识的激活是没有影响的；当 Facebook 的帖子是由名人发布时，帖子是否披露包含品牌赞助对消费者的劝说知识的使用有影响。也就是说，当品牌发布社交媒体的帖子时，品牌自身的存在就暗示着帖子的劝说目的。此外，还有学者基于博客、广告游戏、原生广告等背景对消费者在互联网背景下的劝说知识运用展开研究。因此，在竞争品牌利用危机在社交媒体上借势营销时，推测消费者的劝说知识的使用能够用于解释沟通口吻与品牌知名度对消费者品牌态度的交互作用。

正如预期，劝说知识相关理论能够较好地解释此效应机理。基于品牌拥有的知名度，消费者会从竞争品牌借势营销的沟通口吻产生不同程度的操纵意图推断，对品牌的劝说有不同的接纳程度，从而影响品牌态度。一方面，高知名度的品牌更容易使消费者联想到其与危机品牌的竞争关系，产生比较，识别出品牌社交媒体的劝说动机。若高知名品牌采用严肃、正式的公司口吻，则会强化消费者对社交媒体帖子中公司作为沟通主体的认知，导致消费者更易产生公司出于利润动机、刻意与危机品牌比较、借机抢占市场份额的推断，从而降低对品牌借势营销意图的接纳程度，进而降低品牌态度。若高知名品牌采用人类口吻，则能增加亲密感，减少消费者对品牌劝说目的的推断，提升品牌态度。另一方面，低知名品牌在产品伤害危机中遭受负面溢出更严重，使得消费者对其产品质量产生怀疑。若低知名品牌采用人类口吻沟通，消费者难以感受到公司对待同行业中产品伤害危机的严肃态度，反而会增加消费者对企业存在类似的产品伤害事件的怀疑。但如果低知名品牌采用正式的公司口吻沟通，则官方正式声明能增加借势营销的可信度，降低人们的怀疑，增加人们对品牌借势营销意图的接纳程度，从而提升品牌态度，而采用非正式的人类口吻，则不会有这种效果。故假设：

H_{6-2}：产品伤害危机借势营销中，品牌沟通口吻与知名度通过消费者的劝说接纳程度这一中介变量对品牌态度产生交互作用。

6.3.3　负面非竞争性事件：沟通口吻与借势平台类型的影响

本部分探究在负面非竞争性事件的借势营销中，品牌的社交媒体沟通口吻与借势平台类型对消费者品牌态度的影响。负面非竞争性事件主要指突发事件，这类事件往往会造成严重危害，因此消费者可能会对这类事件的相关信息更加敏感，对品牌的借势营销行为投入更多的注意力，正如前文讨论，品牌社交媒体沟通中使用人类口吻需要考虑多方面的因素，否则可能降低消费者的品牌态度。在负面非竞争性事件中借势营销，品牌沟通口吻也同样需要仔细考虑。

不同的社交媒体具有不同的功能，为消费者提供了不同的体验与感受，因此社交媒体平台的类型将会对品牌选择合适的沟通口吻有所影响。消费者可能对同一个社交媒体的类型有不同的感知，可以是实用型的，也可以是享乐型的。当消费者在使用不同感知类型的社交媒体时，会出于不同的目的，或是为了获取不同价值。例如，当消费者认为微信是维持客户关系的工具时，会认为其是实用型的社交媒体平台，消费者打开微信应用更多的是出于实用目的（如利用微信向客户推销以获得更高的个人业绩）；当消费者认为微信是一个好友聊天、阅览朋友圈动态的工具时，会认为其是享乐型的社交媒体平台，消费者打开微信应用更多的是出于享乐目的（如与好友聊天获得快乐）。Barcelos 等（2018）认为，当消费者出于享乐目的（而不是实用目的）时，品牌的社交媒体使用人类口吻更加符合消费者的目的，这有助于消费者品牌态度的提升。但在负面非竞争性事件借势营销中，该效应恰恰相反。

消费者使用感知类型为享乐型的社交媒体是为了寻找体验与快乐，往往抱有积极的情感。在面对与消费者的积极情感保持一致的属性信息时，消费者会在评估时对其给予更大的权重。例如，消费者在阅读享乐型产品的负面信息时，会在情感上对其信息效果"打折"，还会由于负面信息与其获得积极体验的享乐目的不一致，从而抗拒负面信息。然而，当消费者使用感知类型为实用型社交媒体时，消费者是为了获得有用信息、解决问题、获得帮助的，因此，信息与情感的一致性对消费者并不存在上述影响，此时消费者可能认为负面信息更加有用。

当负面非竞争性事件发生后，品牌利用负面非竞争性事件借势营销，必然会让消费者暴露于负面非竞争性事件负面信息之下。若消费者使用的是享乐型社交媒体平台，负面信息与消费者追求目标或情感不一致，消费者可能会回避负面非竞争性事件，减少对负面非竞争性事件借势营销广告中负面信息线索的投入与关注，从而降低品牌借势营销的劝说意图的推断与识别。若消费者使用的是实用型社交媒体平台，消费者会更加理性客观，更为重视社交媒体提供的实际作用，对借势广告的关注意愿更高，识别出品牌借势营销的劝说意图的可能性更高。因此，在实用型社交媒体平台采用人类口吻与消费者沟通，能够增进品牌与消费者的亲密感，减少消费者对品牌的劝说目的的推断，增强消费者对借势营销是服务于消费者利益的推断，从而提升品牌态度。若采用官方口吻沟通，反而会增强消费者对借势营销是服务于公司营利的推断，降低品牌态度。故假设：

H_{6-3}：负面非竞争性事件中，在实用型平台上使用公司口吻（vs 人类口吻）借势营销使消费者品牌态度更差；而在享乐型平台上不存在这个效应。

根据研究假设，本章的理论模型如图 6-1 所示。首先，本章将探究在品牌面临负面竞争性事件（产品伤害危机）时，其在社交媒体上的沟通口吻与品牌知名度这一调节变量对消费者品牌态度的影响，以及劝说接纳程度在该效应中的中介作用；其次，本章将探究在品牌面临负面非竞争性事件时，其在社交媒体上的沟通口吻与借势平台类型对消费者品牌态度的影响。本章探究在竞争性和非竞争性两类典型的负面事件的背景下，品牌应该采取何种沟通口吻借势营销以获得更好的消费者的态度。

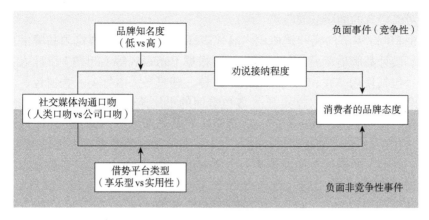

图 6-1 研究模型

6.4 品牌沟通策略的实验及结果

6.4.1 实验一

1. 实验目的

实验一目的是研究在产品伤害危机借势营销中，品牌沟通口吻与品牌知名度对消费者品牌态度的交互作用，因此采用 2（沟通口吻：人类口吻 vs 公司口吻）×2（品牌知名度：高 vs 低）的组间实验设计。

2. 实验方法

1）操纵与量表

产品伤害危机。为了能够增强消费者的现实体验，本实验选择消费者在生活中使用频率高、不可缺少的生活用品——纸巾作为发生伤害危机的产品。以现实中纸巾检测出可迁移性荧光剂的产品危机事件为原型，结合新闻报告，形成产品伤害危机背景的刺激物。根据之前学者的研究观点，强势品牌与弱势品牌之间的溢出效应存在非对称性，此外，溢出是否发生对竞争对手的响应策略是否有效是有影响的。因此，为了保证所选择的产品伤害危机这一实验背景的有效性，本实验虚拟出现危机的品牌为行业头部的、知名品牌"洁品"。对于将在社交媒体平台展开借势营销的品牌，本实验虚拟其为"舒面"。设计该产品伤害危机背景如下："去年 8 月知名纸巾品牌洁品的一款纸巾产品中含荧光剂，被消费者保障委员会列为质量不合格产品。消费者使用这样的纸巾时，可迁移性荧光剂可能被人体吸收，会对消费者的健康造成隐患。"

沟通口吻。本节的实验选取国内具代表性的社交媒体微博作为品牌借势营销的平台，设计品牌借势营销的微博发帖。根据 Barcelos 等（2019）设计人类口吻的方法，包括使用"我、我们"等第一人称、感叹号、语气词、表情包、流行用语等，设计人类口吻的内容如下："各位舒面的小伙伴们请注意啦~我在此向你们承诺，我们舒面家族的每一款产品，都坚决对荧光剂说不！我们舒面家族绝不会辜负小伙伴的信任[爱心表情]"。此外，为了能够增强消费者对人类口吻的感知，将品牌"舒面"的微博头像设计为一个拿着纸巾的人类女孩。对于公司口吻，通过整合新闻报道中若干品牌的官方对"产品不含可迁移性荧光剂"的声明实例，结合微博、公司官网常见的官方声明的格式，设计内容如下："【声明】舒面纸业集团有限公司在此郑重声明，公司旗下纸巾品牌'舒面'均采用 100%原生木浆，绝不含荧光剂，确保消费者的用纸安全。舒面纸业集团有限公司 2019 年 8 月 10 日。"此外，为了能够增强消费者对公司口吻的感知，将品牌"舒面"的微博头像设计为"舒面"的文字商标。

品牌知名度。参考王军等（2015）的设计，从三个维度操纵舒面的品牌知名度高低，分别是品牌知名度（知名 vs 不知名）、品牌规模（大 vs 小）、行业竞争力（主要竞争者 vs 众多小竞争者之一）。首先，告诉被试，发生产品伤害危机的品牌"洁品"是知名品牌，是"国内纸巾行业中家喻户晓的龙头品牌"。通过对"洁品"的高知名度的操纵，我们保证了"洁品"的产品伤害危机对竞争对手品牌、对整个纸巾行业的溢出效应。紧接着，告知被试发布微博借势营销的品牌"舒面"的品牌知名度情况：使用"知名品牌""大品牌""是'洁品'在纸巾市场上的主要竞争对手"来进行高知名品牌的操纵；使用"不知名品牌""小品牌""是'洁品'在纸巾市场上的众多小竞争对手之一"等描述来进行低知名品牌的操纵。

沟通口吻的操纵检验量表。改编自 Barcelos 等（2019）的量表，5 个题项测量消费者对沟通口吻中透露出的人性的感知，分别是："微博上该品牌对读者很有亲和力；该品牌想要缩短与微博读者的距离；我感觉品牌通过微博与读者沟通的语气很冷漠；该品牌的微博没有人情味；该品牌与读者沟通不带感情（1=非常不同意；7=非常同意）。"在本次实验中，五个题项的 Cronbach's α 系数为 0.72。

品牌知名度操纵检验量表。询问被试"请问您认为这一品牌的知名程度是？（1=非常不知名；7=非常知名）"。

品牌态度量表。参考 Barcelos 等（2019）的研究，4 个题项进行测量："坏 vs好；令人不快 vs 令人愉快；消极的 vs 积极的；我不喜欢 vs 我喜欢（1=非常不同意；7=非常同意）。"在本次实验中，四个题项的 Cronbach's α 系数为 0.85。

2）实验步骤

实验通过在线调查平台招募被试，招募被试后，邀请被试填写实验的问卷，被试在线填写问卷后提交，实验结束。实验的问卷包括以下部分。

第一部分是产品伤害危机下品牌借势营销的背景材料。一开始，被试被要求阅读纸巾品牌洁品的产品伤害危机的新闻材料，随后，被试被告知在洁品的产品伤害危机发生后，洁品的竞争对手纸巾品牌舒面发布了一条微博。同时，被试被告知舒面品牌的知名度情况，四个实验情境分别对应四段材料。

第二部分是消费者品牌态度的测量。为了排除后面题项对消费者态度的干扰，被试将在阅读完背景材料后立马回答关于消费者对舒面的品牌态度的四个题项。

第三部分是操纵检验。为了确保实验刺激物的有效性，要对操纵是否成功进行检验。被试依次回答对于品牌知名程度的判断（一个题项）、对借势营销品牌的微博的人性感知的判断（五个题项）。

第四部分是人口统计信息。被试回答性别、年龄、受教育程度情况的相关问题。

3. 数据分析

实验一通过网络在线调查平台招募在线被试，共收集有效问卷 219 份，其中男性占比 46%，女性占比 54%，平均年龄为 30.1 岁。被试被随机分到 4 个实验组中的任一组，每组人数为 53~57 人。

1）操纵检验

沟通口吻。对于两类沟通口吻而言，被试对沟通口吻中人性感知的判断存在显著差异[$M_{人类口吻}$=4.52，$M_{公司口吻}$=4.18，F（1，217）=5.54，$p<0.05$]，说明沟通口吻被成功操控；在人类口吻中，2 个高低知名品牌实验组对人性感知的评分无显著差异[$M_{低知名品牌}$=4.36，$M_{高知名品牌}$=4.69，F（1，108）=2.50，$p>0.1$]；在公司口吻中，2 个高低知名品牌实验组对人性感知的评分也无显著差异[$M_{低知名品牌}$=4.26，$M_{高知名品牌}$=4.11，F（1，107）=0.51，$p>0.1$]，说明两类沟通口吻的同质性均被成功操纵。

品牌知名度。对于两类知名度而言，被试对知名度的判断存在显著差异[$M_{低知名品牌}$=4.10，$M_{高知名品牌}$=5.16，F（1，217）=24.52，$p=0.00$]，说明知名度被成功操纵；在高知名品牌中，2 类沟通口吻的实验组对品牌知名度的评分无显著差异[$M_{人类口吻}$=5.25，$M_{公司口吻}$=5.07，F（1，107）=0.49，$p>0.1$]；在低知名品牌中，2 类沟通口吻的实验组对品牌知名度的评分也无显著差异[$M_{人类口吻}$=4.05，$M_{公司口吻}$=4.15，F（1，108）=0.08，$p>0.1$]，说明两类知名度的同质性均被成功操纵。

2）假设检验

为探究沟通口吻和品牌知名度对品牌态度的影响作用，进行 2（沟通口吻：人类口吻 vs 公司口吻）×2（品牌知名度：高 vs 低）的组间方差分析，结果发现沟通口吻[F（1，215）=0.29，$p>0.1$]、知名度[F（1，215）=2.03，$p>0.1$]的主效应均不显著，沟通口吻×品牌知名度的交互作用显著[F（1，215）=16.59，$p=0.00$]。各组结果如图 6-2 所示。当品牌为高知名品牌时，采用人类口吻沟通（$M_{人类口吻}=5.49$）比采用公司口吻沟通（$M_{公司口吻}=4.78$）对消费者品牌态度有显著的提升作用[F（1，215）=10.58，$p<0.01$]。当品牌为低知名品牌时，采用公司口吻沟通（$M_{公司口吻}=5.19$）比人类口吻沟通（$M_{人类口吻}=4.65$）对消费者品牌态度的影响有显著的提升作用[F（1，215）=6.28，$p<0.05$]。故 H_{6-1a}、H_{6-1b} 成立。

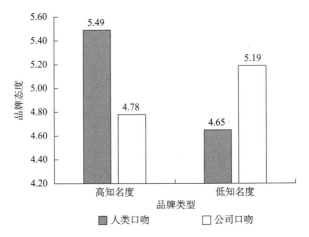

图 6-2　实验一中沟通口吻与知名度对于消费者品牌态度的交互作用

4. 结果讨论

实验一验证了产品伤害危机借势营销中品牌沟通口吻和品牌知名度对消费者品牌态度的影响。即当品牌为高知名品牌时，采用人类口吻的借势营销带来的品牌态度高于公司口吻；当品牌为低知名品牌时，采用公司口吻的借势营销带来的品牌态度高于人类口吻。实验二将进一步验证劝说接纳程度起到的中介作用。另外，由于实验一中采用的"舒面""洁品"均为虚拟品牌，为了增强研究的现实意义，实验二将从新浪微博上寻找真实开通微博的纸巾品牌，分别选取高低知名度的纸巾品牌进行实验研究。

6.4.2　实验二

1. 实验目的

实验二目的是研究产品伤害危机借势营销中，品牌沟通口吻与品牌知名度对消费者品牌态度的交互作用，并且要在实验一的基础上探究劝说接纳程度在其中的中介作用。因此采用 2（沟通口吻：人类口吻 vs 公司口吻）×2（品牌知名度：

高 vs 低）的组间实验设计。

2. 实验方法

1）操纵与量表

产品伤害危机。与实验一相似，使用虚拟品牌作为实验的刺激物。其中，行业部知名纸巾品牌虚拟为"蓝印"，作为发生产品伤害危机的品牌；知名度较高、品牌规模大的竞争品牌虚拟为"清雪"；知名度较低、品牌规模小的竞争品牌虚拟为"能护"。消费者阅读关于这些虚拟品牌的介绍。设计该产品伤害危机的虚拟背景如下："去年 8 月蓝印旗下的一款纸巾产品中含荧光剂，被消费者保障委员会列为质量不合格产品。消费者使用这样的纸巾时，可迁移性荧光剂可能被人体吸收，会对消费者的健康造成隐患。"

沟通口吻。与实验一中的微博内容保持一致。根据 Barcelos 等（2019）设计人类口吻的方法，包括使用"我、我们"等第一人称、感叹号、语气词、表情包、流行用语等，设计人类口吻的内容如下："各位清雪/能护的小伙伴们请注意啦~我在此向你们承诺，我们清雪/能护家族的每一款产品，都坚决对荧光剂说不！我们清雪/能护家族绝不会辜负小伙伴的信任[爱心表情]"，且在人类口吻的微博中，微博头像设计为一个拿着纸巾的人类女孩。对于公司口吻，通过整合新闻报道中若干品牌的官方对"产品不含可迁移性荧光剂"的声明实例，结合微博、公司官网常见的官方声明的格式，设计内容如下："【声明】清雪纸业集团有限公司/能护纸业有限公司在此郑重声明，公司旗下纸巾品牌'清雪/能护'均采用 100%原生木浆，绝不含荧光剂，确保消费者的用纸安全。清雪纸业集团有限公司/能护纸业有限公司 2019 年 8 月 10 日。"此外，为了能够增强消费者对公司口吻的感知，品牌的微博头像使用清雪/能护的品牌商标。

沟通口吻的操纵检验量表与实验一保持一致。在本次实验中，五个题项的 Cronbach's α 系数为 0.73。

品牌态度量表与实验一保持一致。在本次实验中，四个题项的 Cronbach's α 系数为 0.81。

劝说接纳程度量表。改编自 Campbell（1995）的操纵意图推断量表，用 3 个题项进行测量："我接受该品牌用这条微博来借机增加其产品的销量/我接受该品牌用这条微博来借机提高消费者的关注/我接受该品牌用这条微博来借机赢得消费者的喜爱（1=非常不同意；7=非常同意）。"在本次实验中，三个题项的 Cronbach's α 系数为 0.75。

2）实验步骤

实验通过在线调查平台招募被试，之后邀请被试填写实验的问卷，被试在线填写问卷后提交，实验结束。实验的问卷包括以下部分。

第一部分是产品伤害危机下品牌借势营销的背景材料。一开始，被试被要求阅读纸巾品牌蓝印的产品伤害危机的新闻材料，随后，被试被告知在蓝印的产品伤害危机发生后，蓝印的竞争对手纸巾品牌清雪/能护发布了一条微博。为增加消费者对蓝印与清雪/能护之间的竞争关系的感知，避免误会对实验结果造成影响，将提及清雪/能护是蓝印在市场上的竞争对手之一。实验采用的是 2（沟通口吻：人类口吻 vs 公司口吻）×2（品牌知名度：高 vs 低）的组间实验设计，因此四个实验情境分别对应四段材料。

第二部分是消费者品牌态度的测量。为了排除后面题项对消费者态度的干扰，被试将在阅读完背景材料后立马回答关于消费者对清雪/能护的品牌态度的四个题项。

第三部分是劝说接纳程度的测量。被试回答完品牌态度相关问题后，将回答关于劝说接纳程度的三个题项。

第四部分是操纵检验。为了确保实验刺激物的有效性，要对操纵是否成功进行检验。被试依次回答对于品牌知名程度的判断（一个题项）、对借势营销品牌的微博的人性感知的判断（五个题项）。

第五部分是人口统计信息。被试回答性别、年龄、受教育程度情况的相关问题。

3. 数据分析

实验二通过网络在线调查平台招募在线被试，共收集有效问卷 287 份，其中男性占比 42%，女性占比 58%，平均年龄为 30.6 岁。被试被随机分到 4 个实验组中的任一组，每组人数为 70~73 人。

1）操纵检验

沟通口吻。对于两类沟通口吻而言，被试对沟通口吻中人性感知的判断存在显著差异[$M_{人类口吻}$=4.86，$M_{公司口吻}$=4.53，$F(1, 285)$=6.79，$p<0.05$]，说明沟通口吻被成功操控；在人类口吻中，2 个高低知名品牌实验组对人性感知的评分无显著差异[$M_{低知名品牌}$=4.89，$M_{高知名品牌}$=4.83，$F(1, 140)$=0.11，$p>0.1$]；在公司口吻中，2 个高低知名品牌实验组对人性感知的评分也无显著差异[$M_{低知名品牌}$=4.41，$M_{高知名品牌}$=4.66，$F(1, 143)$=2.64，$p>0.1$]，说明两类沟通口吻的同质性均被成功操纵。

品牌知名度。对于两类知名度而言，被试对知名度的判断存在显著差异[$M_{低知名品牌}$=5.14，$M_{高知名品牌}$=5.56，$F(1, 285)$=8.56，$p<0.01$]，说明知名度被成功操控；在高知名品牌中，2 类沟通口吻实验组对品牌知名度的评分无显著差异[$M_{人类口吻}$=5.69，$M_{公司口吻}$=5.44，$F(1, 140)$=1.41，$p>0.1$]；在低知名品牌中，2 类沟通口吻实验组对品牌知名度的评分也无显著差异[$M_{人类口吻}$=5.28，$M_{公司口吻}$=5.00，

F（1，143）=1.80，$p>0.1$]，说明两类知名度的同质性被成功操纵。

2）假设检验

为探究沟通口吻和品牌知名度对品牌态度的影响作用，进行 2（沟通口吻：人类口吻 vs 公司口吻）×2（品牌知名度：高 vs 低）的组间方差分析，结果发现沟通口吻的主效应显著[F（1，283）=5.45，$p<0.05$]，沟通口吻 × 品牌知名度的交互作用显著[F（1，283）=4.81，$p<0.05$]。各组结果如图 6-3 所示。当品牌为高知名品牌时，采用人类口吻沟通（$M_{人类口吻}$=5.45）比采用公司口吻沟通（$M_{公司口吻}$=4.85）对消费者品牌态度有显著的提升作用[F（1，283）=10.14，$p<0.01$]。当品牌为低知名品牌时，采用人类口吻沟通或公司口吻沟通对消费者品牌态度的影响无显著差异[$M_{人类口吻}$=5.11，$M_{公司口吻}$=5.09，F（1，283）=0.01，$p>0.1$]。故 H_{6-1a} 成立，H_{6-1b}不成立。

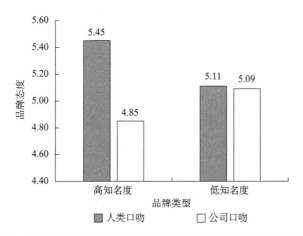

图 6-3　实验二中沟通口吻与知名度对消费者品牌态度的交互作用

为探究劝说接纳程度的中介效应，采用 Hayes（2013）的 Process 模型 8，以沟通口吻为自变量（将人类口吻编码为 0，公司口吻编码为 1），品牌知名度为调节变量（将低知名品牌编码为 0，高知名品牌编码为 1），劝说接纳程度为中介变量，品牌态度为因变量，进行分析。分析结果显示（图 6-4），劝说接纳程度对被试的品牌态度有显著的正向效应（β=0.49，t=7.51，$p<0.01$），而沟通口吻与知名度对于品牌态度的交互作用不再显著（β=-0.34，t=-1.40，$p>0.1$）。通过 5 000 次 Bootstrap 分析，发现沟通口吻通过劝说接纳程度对品牌态度产生作用受到品牌知名度调节的效应存在（β=-0.24，CI：[-0.47，-0.04]），验证了劝说接纳程度被调节的中介作用成立。间接效应结果显示，当品牌为高知名品牌时，劝说接纳程度的中介效应显著（CI：[-0.48，-0.15]），且中介效应值为-0.29。当品牌为低知名品牌时，劝说接纳程度的中介效应不显著（CI：[-0.20，0.10]）。故 H_{6-2} 成立。

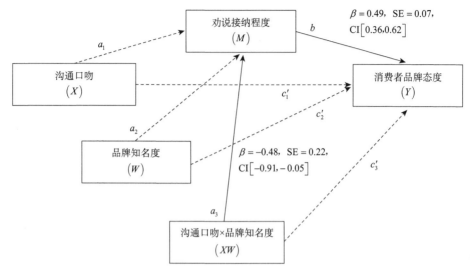

图6-4　实验二中沟通口吻与知名度对消费者品牌态度的调节中介分析

4. 结果讨论

实验二在真实品牌情境下再次验证了研究 H_{6-1a}，即当品牌为高知名品牌时，采用人类口吻的借势营销的品牌态度高于公司口吻。H_{6-1b} 未能得到验证。此外，实验二进一步解释了品牌的沟通口吻与品牌知名度对消费者品牌态度的交互作用的中介机理，验证了劝说接纳程度的中介作用。当品牌为高知名品牌时，相比于采用公司口吻沟通，消费者对品牌采用人类口吻沟通来借势营销、劝说消费者的接纳程度更高，因此品牌采用人类口吻沟通能够有效地提升消费者的品牌态度。

6.4.3　实验三

1. 实验目的

实验三目的是研究负面非竞争性事件借势营销中，品牌沟通口吻与借势平台类型对消费者品牌态度的交互作用，采用双因素 2（沟通口吻：人类口吻 vs 公司口吻）×2（平台类型：享乐型 vs 实用型）的组间实验设计。

2. 实验方法

1）操纵与量表

负面非竞争性事件。为了能够增强消费者现实体验，本实验选择新冠疫情作为负面非竞争性事件情境。由于人们外出频次骤降，聚餐行为受限制，大量餐饮店面停止营业。但是仍有部分餐饮企业在社交媒体上推广自家的外带与外卖服务，活跃在消费者的视野内。本实验以疫情期间投放外卖广告作为情境，将品牌 X 作为操纵刺激物。

沟通口吻。由于之前的实验都选择了微博作为借势营销的平台，但目前市面上社交媒体的类型丰富，为了能增强本实验的现实意义，本次实验选择另一个不同于微博的社交媒体平台"今日头条"作为借势营销平台，同时，选择了全新的借势营销方式——社交媒体应用开屏广告。开屏广告是指手机应用启动时短暂展示的全屏广告画面，绝大部分社交媒体的手机应用都有开屏广告，消费者对此非常熟悉。本实验依旧采用了 Barcelos 等（2019）的方法设计人类口吻的开屏广告。人类口吻的开屏广告结合品牌 X 员工服务的真人照片，配以员工口吻的文案："To 品牌 X 的朋友们：你的健康与美味，仍由我们守护。From 品牌 X 宅急送团队。"公司口吻的开屏广告结合品牌 X 的商标、疫情期间消毒的外卖箱等公司元素，配以公司声明的文案："品牌 X：全国门店不停止外送服务，满足消费者饮食需求，保障消费者饮食安全。"

沟通口吻的操纵检验量表与实验一保持一致。在本次实验中，五个题项的 Cronbach's α 系数为 0.76。

品牌态度量表与实验一保持一致。在本次实验中，四个题项的 Cronbach's α 系数为 0.75。

借势平台类型评分。参考 Voss 等（2003）的量表，测量消费者对"今日头条"这一社交媒体平台的享乐型或实用型感知。以享乐型量表得分与实用型量表得分之差作为借势平台类型评分，评分大于 0，则表示平台更偏向享乐型，评分小于 0，则表示平台更偏向实用型。享乐型量表为"今日头条能让人心情愉悦/今日头条给人带来享受/今日头条是令人兴奋的"（在本次实验中，三个题项的 Cronbach's α 系数为 0.79）；实用型量表为"今日头条是实用的/今日头条是必要的/今日头条是有用的"（在本次实验中，三个题项的 Cronbach's α 系数为 0.73）（1=非常不同意；7=非常同意）。

2）实验步骤

实验通过在线调查平台招募被试，之后邀请被试填写实验的问卷，被试在线填写问卷后提交，实验结束。实验的问卷包括以下部分。

第一部分是对今日头条平台的类型进行评分。为避免后续实验刺激物对消费者感知的社交媒体平台类型的干扰，被试被要求回答关于今日头条平台类型的六个题项。

第二部分是负面非竞争性事件下品牌借势营销的背景材料。被试被要求想象自己在今日头条启动后，看到了"品牌 X"的开屏广告。实验中操纵因素只有沟通口吻（人类口吻 vs 公司口吻），因此实验情境分别对应两张海报。

第三部分是消费者品牌态度的测量。为了排除后面题项对消费者态度的干扰，被试将在阅读完背景材料后立马回答关于消费者态度的四个题项。

第四部分是操纵检验。为了确保实验刺激物的有效性，要对操纵是否成功进行检验。被试需回答对借势营销品牌的开屏广告的人性感知的判断（五个题项）。

第五部分是人口统计信息。被试回答性别、年龄、受教育程度情况的相关问题。

3. 数据分析

实验三通过网络在线调查平台招募在线被试，共收集有效问卷 195 份，其中男性占比 35%，女性占比 65%，平均年龄为 30.7 岁。被试被随机分到 2 个实验组中的任一组，人类口吻组 98 人，公司口吻组 97 人。

1）操纵检验

正如预期，对于两类沟通口吻而言，被试对沟通口吻的判断存在显著差异 [$M_{人类口吻}$=5.24，$M_{公司口吻}$=4.61，F（1，193）=15.00，$p<0.01$]，说明沟通口吻被成功操纵。

2）假设检验

为探究品牌社交媒体沟通口吻与借势平台类型对品牌态度的影响作用，首先验证了平台类型的评分与沟通口吻之间不存在相关关系（ρ=0.04，p=0.61）。接着，以沟通口吻为自变量，品牌态度为因变量进行方差分析。结果显示，沟通口吻对品牌态度的影响显著：采用人类口吻沟通比公司口吻对消费者品牌态度有显著提升[$M_{人类口吻}$=5.55，$M_{公司口吻}$=5.21，F（1，193）=7.00，$p<0.01$]。然后使用 Hayes（2013）的 Process 模型 1 来检验沟通口吻与借势平台类型对品牌态度的影响。我们将沟通口吻（将人类口吻编码为 0，公司口吻编码为 1）作为自变量，借势平台类型评分（Min=−9，Max=5，Mean=−0.96，Std=2.51）作为调节变量，品牌态度作为因变量。结果显示，只有沟通口吻与平台类型的交互作用（β=0.10，SE=0.05，t=1.98，$p<0.05$）对品牌态度的效应是显著的。接着，结合泛光灯分析（floodlight analysis）来检验沟通口吻在整个平台类型评分范围内对于品牌态度的影响（图 6-5）。结果显示，当平台类型的评分小于−0.09 时，被试对人类口吻沟通方式的品牌态度要显著高于对公司口吻沟通时的品牌态度（$M_{人类口吻}$=5.57，$M_{公司口吻}$=5.30，β=−0.27，SE=0.14，t=−1.97，p=0.05），而当平台类型的评分大于−0.09 时，沟通口吻对于被

试的品牌态度没有显著影响。也就是说，当平台类型为实用型时，采用人类口吻的借势营销能够比公司口吻带来更高的品牌态度，而当平台类型为享乐型时，则没有该效应。故 H_{6-3} 成立。

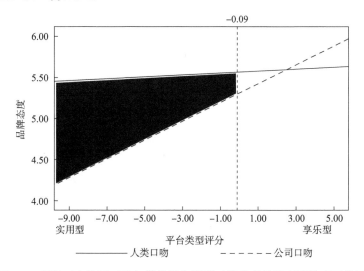

图 6-5　实验三中沟通口吻与借势平台类型对消费者品牌态度的交互作用

4. 结果讨论

实验三验证了负面非竞争性事件借势营销中品牌沟通口吻和借势营销的社交媒体平台类型对消费者品牌态度的影响。即当借势营销的社交媒体平台是实用型时，采用人类口吻的借势营销的品牌态度高于公司口吻；当借势营销的社交媒体平台是享乐型时，采用人类口吻的借势营销与采用公司口吻的借势营销的品牌态度没有差异。

6.5　本　章　小　结

6.5.1　研究结论

本章对现有的文献成果进行梳理总结，结合现实借势营销实例，通过三个实验对负面事件借势营销中品牌的社交媒体沟通口吻对消费者的品牌态度的影响展开了深入研究。以产品伤害危机、负面非竞争性事件这两类典型的负面事件为背景，分别验证了品牌的社交媒体沟通口吻与品牌知名度对消费者品牌态度的交互作用，并用劝说知识理论解释了劝说接纳程度这个中介变量对该效应的作用。此外，还验证了品牌的社交媒体沟通口吻与借势营销的社交媒体平台类型对消费者品牌态度的交互作用。具体而言，本章在负面事件借势营销背景下得出以下结论。

（1）品牌的社交媒体沟通口吻对消费者品牌态度的影响受到品牌知名度的调节。研究表明，在社交媒体采用人类口吻沟通并非始终有效。在负面事件借势营销中，对高知名品牌而言，采用人类口吻的沟通消费者的品牌态度要显著高于采用公司口吻的沟通。

（2）品牌的社交媒体沟通口吻与品牌知名度交互作用是为劝说接纳程度所中介导致的。研究表明，劝说接纳程度对品牌的社交媒体沟通口吻与品牌知名度对品牌态度的交互影响起到中介作用。当品牌为高知名品牌时，消费者对品牌采用人类口吻沟通来借势营销、劝说消费者的接纳程度更高，因此消费者的品牌态度也会更高。当人们对品牌在社交媒体上的沟通行为产生了劝说意图推断时，若消费者不接受品牌这样的借势营销方式，其会降低对品牌的态度。

（3）品牌的社交媒体沟通口吻对消费者品牌态度的影响受到借势营销平台类型的调节。研究表明，采用人类口吻沟通只有在某些特定的社交媒体平台上是有效的。在负面事件借势营销中，当在实用型的社交媒体上借势营销时，采用人类口吻的借势营销能比采用公司口吻显著提高消费者的品牌态度，但是当在享乐型的社交媒体进行借势营销时，采用人类口吻的借势营销与采用公司口吻的借势营销的品牌态度没有差异。这意味着，品牌需要针对不同类型的社交媒体制定不同的社交媒体沟通口吻，应当因地制宜地使用人类口吻沟通。

6.5.2　研究贡献

1. 理论贡献

本章在理论方面的贡献主要体现在以下方面。

首先，以社交媒体为背景，深入探究了品牌的社交媒体沟通口吻在品牌借势营销中起到的重要作用。该研究填补了目前国内外学者的借势营销研究领域的空白。在过去，借势营销的多样性受限于时间与空间的限制，未能得到很好的开发。但社交媒体的出现，大量增加了品牌运用消费者感兴趣的内容来借势营销的场景。目前社交媒体借势营销的研究较少。Barcelos 等（2019）的研究表明了沟通口吻在社交媒体上的重要作用，沟通是社交媒体的一个基本特征，也是品牌引导消费者，加强与消费者联系的有效手段。但目前对于社交媒体的沟通口吻的研究多集中于品牌社交媒体的日常运营和品牌的内部环境，对于品牌如何在社交媒体上响应自身非危机曝光主体的重大事件，尤其是负面非竞争性事件的相关研究较少。本章以两类典型的负面非竞争性事件为背景，分别验证了品牌的社交媒体沟通口吻的选择受限于品牌知名度、借势营销的社交媒体平台类型。只有在品牌为高知名品牌、借势营销的社交媒体为实用型平台时，品牌采用人类口吻借势营销才能提升消费者的品牌态度。这与前人针对社交媒体的日常运营研究得出的结论有所不同：Barcelos 等（2018）认为，当消费者浏览社交媒体是出于享乐型目的时，品牌采用人类口吻沟通对消费者购买意愿的积极影响会更强烈。本章拓展了社交媒体沟通口吻的研究，认为在负面非竞争性事件借势营销这一非日常运营的情境下，只有当消费者认为该社交媒体为实用型平台（而不是享乐型平台）时，品牌采用人类口吻沟通对消费者的品牌态度的积极影响才存在。这表明，Barcelos 等（2018）的研究结论是存在边界条件的，在负面事件借势营销中的效果与其结论相反。未来，沟通口吻对社交媒体运营的负面事件响应的研究还需投入更多关注。

其次，本章基于社交媒体这一全新的危机响应工具展开研究，丰富了品牌的负面事件响应策略的相关研究。前人对品牌的负面事件响应策略的研究多集中于产品伤害危机。例如，Roehm 和 Tybout（2006）认为品牌能够通过否认来降低竞争品牌的产品伤害危机对自身的负面溢出效应。但是，社交媒体平台这一新兴的危机响应平台还没有被学者广泛注意。本章聚焦于危机响应的新战场——社交媒体，以社交媒体上兴起的借势营销为切入点，对品牌在社交媒体上应该如何利用不同的沟通口吻来应对负面事件对品牌的冲击，以及如何将负面事件给品牌带来的消极影响转化为积极影响进行了研究。可以说，本章对品牌的负面事件响应策略的研究，是从品牌主动出击寻求从负面事件中获得利益的角度出发，而不是如过往的研究般从品牌被动防御化解负面事件的溢出影响的角度思考出发。

最后，本章扩充了劝说知识理论在社交媒体沟通领域的应用。除了识别出品牌的社交媒体沟通口吻、品牌知名度、社交媒体平台类型在负面事件的社交媒体响应中发挥的重要作用外，本章还利用劝说知识理论对其背后机理进行了解释。目前，社交媒体沟通口吻的中介机理研究多是基于消费者的享乐感知、风险感知、适配性感知等，但是有一个问题被忽视：尽管品牌在社交媒体上与消费者的互动方式繁多，但最终都要服务于产品营销这一目标。早期，消费者可能会因能够与品牌亲密互动而感到新奇有趣，但是长远看，随着消费者关于互联网营销的劝说知识增加，消费者会对品牌的社交媒体营销有更加深入的认识，对品牌在社交媒体上的一切行为动机都可能产生怀疑。因此，品牌利用社交媒体与消费者沟通时，应当考虑消费者的劝说知识可能带来的影响。

2. 实践贡献

本章在实践方面的贡献主要体现在以下方面。

首先，品牌负面借势营销不可盲目模仿他人，要谨慎使用业内最佳实践对标的办法。本章发现了品牌的社交媒体沟通口吻与品牌知名度对消费者品牌态度的交互作用：只有对于高知名度品牌而言，负面借势营销采用人类口吻才是有效的。在现实中，许多品牌在借势营销中缺乏对自身品牌现状的思考，忽视不同品牌在消费者认知中地位的差距，盲目模仿市面上成功的借势营销案例，结果引起消费者对品牌社交媒体沟通的隐藏目的猜忌与厌恶。本章的发现表明，品牌若计划利用负面非竞争性事件借势营销，首先要认清自身品牌在消费者认知中的地位。对于高知名品牌，采用人类口吻借势营销更容易赢得消费者的好感；对于低知名品牌，官方正式声明的公司口吻借势营销更能吸引消费者注意。

其次，品牌负面借势营销要考虑借势营销的社交媒体平台类型。本章的研究发现，消费者只有在使用实用型社交媒体时，才可能由于品牌采用人类口吻沟通而增加对品牌的好感度。在现实中，品牌在运营社交媒体账号或投放社交媒体广告时，往往会考虑目标消费者群体的特征与行为习惯等。因此，除了上述考虑外，品牌在选择利用社交媒体借势营销时，还应当针对每一类社交媒体平台的特点，因地制宜地设计社交媒体沟通口吻的营销材料，而不是在多个社交媒体平台上分发相同的材料。

6.5.3　研究展望

本章通过实证对负面非竞争性事件下的品牌沟通策略进行探究，未来更进一步的研究可以从以下三个方向入手。

首先，可以通过建立统计模型来研究品牌的社交媒体沟通口吻对消费者品牌态度的影响。社交媒体是电子化的，因此关于品牌在负面事件期间的行为、消费者的反应等相关数据都可以从网络上获得，这让数学建模研究变得更加可行。已有学者如 Cleeren 等（2013）、Borah 和 Tellis（2016）对负面事件中品牌的响应可能带来的影响建模进行了研究。因此，未来研究可以利用一些大数据时代的工具与手段，收集真实世界中社交媒体的数据，建立有效的模型来验证相关的假设。

其次，除了社交媒体的沟通口吻外，还有何种社交媒体借势营销的沟通技巧能够影响消费者的品牌态度，提升借势营销的有效性，还需要投入更多的研究。例如，社交媒体允许品牌在发布帖子的时候使用热门话题标签（#）这一功能，若品牌在借势营销时使用话题标签，则能够提升帖子被其他用户搜索或浏览的可能性，将帖子的用户覆盖范围从社交媒体自有的关注者扩大到对该话题感兴趣的人甚至是全网用户。如此看来，话题标签可能是一个不错的营销工具。但是，使用话题标签意味着消费者能够明显地识别品牌在进行借势营销，这是否会对品牌借势营销的有效性带来负面影响？这还有待后续研究。

最后，未来还可以从正面事件的借势营销入手研究。本章从潜在失败代价更惨重、更迫切需要有用的理论支持的负面事件借势营销开展研究。虽然在过往的研究中已有学者在沟通口吻的研究中浅浅涉及了一些正面事件借势营销，如 Barcelos 等（2019）曾将品牌以节假日（可归类为正面事件）为名向消费者献上祝福这一营销行为纳入实验中，验证了品牌在社交媒体上使用更为亲密的人类口吻有助于消费者态度的提升，但是这终究不是对正面事件借势营销的较为深入、完整的研究。此外，正面事件借势营销在社交媒体上更为常见，品牌若是想要利用正面事件借势营销可能需要投入更多的精力，对正面事件借势营销的有效性存在影响的变量可能也与负面非竞争性事件借势营销中有所不同。例如，正面事件借势营销中，消费者可能对品牌的营销创意要求更高。这都有待于后续深入研究。

第7章　研究成果与展望

7.1　研究的主要成果

本书从借势营销这一典型的品牌策略出发，研究品牌多元化管理的理论、方法与应用。从消费者行为的角度入手，通过系统科学的研究对当前领域研究的理论体系加以补充，为品牌的多元化管理提供理论依据，为企业管理者在产品开发、营销策略方面提供方法论，为企业品牌战略规划提供借鉴。

具体而言，本书主要取得三个方面的研究成果。

（1）借势营销理论机制的总结。界定借势营销概念，通过案例收集，对现象进行深入剖析；通过文献梳理，关注与借势营销相关的消费者行为领域理论，在理论的高度阐释借势营销的作用机制。

（2）借势营销效应影响的探索。运用定量的实验研究，研究奢侈品牌和普通品牌在突发事件情境下的借势营销有何结果异同，并从品牌知名度、消费者物质主义等维度探究差异，回答品牌是否应该借势营销、在何种情况下借势营销的问题，并分析其解释机理。

（3）借势营销方法策略的拓展。针对品牌应如何利用突发事件进行营销的问题，通过定量研究，从品牌借势延伸和品牌沟通两个维度，为品牌制定品牌营销策略、响应热点事件提供理论建议，为企业提供积极可行的管理启示。

7.2　研究的理论贡献

本书立足消费者行为理论研究，应用并创新了相关理论，具有一定的理论贡献。

第一，将借势营销这一热点现象理论化、科学化，解释并阐明了借势营销的意义与内涵，回答了品牌是否应该借势营销、应在何时借势营销等效应方面的问题，以及如何借势延伸、如何进行品牌沟通等策略方面的问题，结合解释机理的探讨，使研究更具系统性和科学性。

第二，丰富了突发危机事件管理理论的内涵和外延。运用归因理论、恐惧管理理论、解释水平理论等消费者行为理论，重点关注突发事件改变消费者心理架构这一重要因素，全面系统地对品牌借突发事件传播策略的效果进行评估及深入探讨。

第三，将消费者行为领域的变量和概念（死亡凸显、物质主义、品牌知名度、心理距离、结构化渴求、品牌真实性等）运用到借势营销这一情境中，构建了创新的理论模型，并对相应测量量表进行了应用及改编，拓展了相关构念的应用场景，丰富了品牌管理的研究范围。

7.3　研究的管理启示

本书立足于品牌的多元化管理，通过文献分析、实验探究得出的相关结论，可为企业实践者和政策制定者提供有益的管理启示。

第一，探索了品牌多元化管理的实践启示。本书为企业如何应用好借势营销这一把"双刃剑"提供了建议和启示，从而帮助企业制定品牌营销策略、响应热点事件，实现品牌价值的传递与提升。

第二，为政府的引导与监管提供政策支持。在国家品牌建设方面，本书为政府部门的品牌的传播监管提供一定的启示。在国民思想道德和文化建设方面，本书提倡国家和政府应在全社会引领积极向上的精神风貌，引导消费者树立正确的消费观念，抵制恶意吸引眼球等不良营销行为；呼吁企业积极承担社会责任，树立大局意识。

7.4　研究的局限与展望

本书对品牌借势营销、借势延伸策略和品牌沟通策略进行了实证分析，未来更进一步的研究可以从以下两个方向入手。

第一，进一步拓展研究内容和边界。立足于本书的研究所取得的成果，未来还可以从许多方面进行拓展，以提升研究的全面性。例如，探究突发事件奢侈品牌借势营销的溢出效应；拓展研究对于借势营销问题的研究边界；考虑更多影响消费者对品牌延伸态度的因素，包括品牌历史长短、品牌个性（可靠、真诚、大胆、高贵、粗犷）、品牌主营产品的属性（实用型、享乐型等）等；考虑除了社交媒体的沟通口吻外，还有何种社交媒体借势营销的沟通技巧能够影响消费者的品牌态度，提升借势营销的有效性；未来还可以从正面事件的借势营销入手研究。

第二，进一步丰富研究方法。本书主要采用了案例分析法、文献研究法和实验分析法，后续可采用实地实验、二手数据、定性研究等多种方法对本书的结论进行进一步验证和补充，具备更加充分可靠的实践指导意义。对于实地实验，可考虑增加具体的行为变量，实地观察消费者的购买、使用行为，研究品牌借突发事件推出新产品时，消费者心理距离对其真实购买行为的影响，对现有的因变量进行补充，从而保证研究结论的稳健性和普适性。对于二手数据，可收集真实世界中企业借势营销后的财务盈利数据，分析对企业的财务影响；在社交媒体平台收集消费者的真实评价与讨论，通过语义分析把握消费者的情感态度，从而使得研究假设得到进一步的验证；品牌的社交媒体沟通口吻对消费者品牌态度的影响可以通过建立统计模型来研究。对于定性研究，生活中有很多品牌借突发事件开展跨品类延伸行为的真实案例，未来可以在合适的时点，通过定性研究方法，对消费者开展访谈，剖析消费者心理机制，观察其对待真实借势营销行为的态度。

参 考 文 献

池宏，祁明亮，计雷，等. 2005. 城市突发公共事件应急管理体系研究[J]. 中国安防产品信息，
　　（4）：42-51.

方正，江明华，杨洋，等. 2010. 产品伤害危机应对策略对品牌资产的影响研究——企业声誉与
　　危机类型的调节作用[J]. 管理世界，（12）：105-118.

方正，杨洋，李蔚，等. 2013. 产品伤害危机溢出效应的发生条件和应对策略研究——预判和应
　　对其它品牌引发的产品伤害危机[J]. 南开管理评论，16（6）：19-27.

郭姵君. 2008. 奢侈品品牌资产研究[D]. 复旦大学博士学位论文.

胡郑丽. 2015. 文化生态学视域下地方文化资源的保护策略研究——以达州市为例[J]. 四川文理
　　学院学报，25（3）：75-79.

计雷，池宏，陈安，等. 2006. 突发事件应急管理[M]. 北京：高等教育出版社.

柯学. 2009. 大灾难可以减少消费者的多样化寻求行为：一个基于恐怖管理理论的研究[J]. 管理
　　世界，（11）：122-129.

李静，郭永玉. 2008. 物质主义及其相关研究[J]. 心理科学进展，16（4）：637-643.

李茉. 2013. 我国中产阶级奢侈品牌购买动机及其品牌忠诚的形成机理研究[D]. 吉林大学博士
　　学位论文.

刘国华，苏勇. 2006. 高溢价产品的品牌资产驱动因素模型初探[J]. 经济管理，（16）：37-42.

刘国强，张朋辉. 2016. 危机情境下的品牌借势营销策略与陷阱规避[J]. 四川文理学院学报，
　　26（4）：76-80.

刘丽娜，齐佳音，张镇平，等. 2018. 品牌对商品在线销量的影响——基于海量商品评论的在线
　　声誉和品牌知名度的调节作用研究[J]. 数据分析与知识发现，2（9）：10-21.

刘倩倩. 2016. 新媒体时代借势营销在品牌传播中的应用[J]. 新媒体研究，2（6）：51-52.

刘赟. 2020. 新创服务品牌真实性对消费者购买意愿的影响研究[D]. 山东大学硕士学位论文.

卢东，寇燕. 2009. 基于消费者视角的企业社会责任综合解析[J]. 软科学，23（3）：99-103.

罗子明. 2001. 品牌形象的构成及其测量[J]. 北京工商大学学报（社会科学版），16（4）：19-22.

吕英，张凤琪. 2022. 重大突发公共卫生事件背景下企业捐赠对股价的影响——基于企业异质性
　　的分组检验[J]. 南京审计大学学报，19（2）：91-101.

苏落. 2015. 借势营销的"我们"如何成为赢家[J]. 公关世界，（7）：20-23.

孙晓玲，张云，吴明证. 2007. 解释水平理论的研究现状与展望[J]. 应用心理学，13（2）：181-186.

孙玉琴，姜红，陶婷婷. 2019. 跨界营销对中档酒店品牌知名度的影响研究[J]. 上海商学院学报，20（5）：3-22.

谭小芳. 2012. 借势营销：企业提升知名度的道与术[J]. 现代企业文化，（Z1）：68-70.

汪祝芳. 2020. 死亡提醒对物质主义的影响[D]. 上海师范大学硕士学位论文.

王海忠，于春玲，赵平. 2006. 品牌资产的消费者模式与产品市场产出模式的关系[J]. 管理世界，（1）：106-119.

王军，青平，李慧超. 2015. 产品伤害危机背景下竞争品牌间负面溢出的非对称效应研究[J]. 软科学，29（2）：126-130.

王娜，冉茂刚，周飞. 2017. 品牌真实性对绿色购买行为的影响机制研究[J]. 华侨大学学报（哲学社会科学版），（3）：99-111，131.

王晓玉，吴婧. 2014. 产品危机情境下竞争对手响应策略对未响应者的溢出效应[J]. 营销科学学报，10（4）：55-67.

王新新，刘伟. 2010. 试论市场营销中真实性问题研究的缘起、主要内容与未来方向[J]. 外国经济与管理，32（7）：31-39.

王予灵，李静，郭永玉. 2016. 向死而生，以财解忧？存在不安全感对物质主义的影响[J]. 心理科学，39（4）：921-926.

翁智刚，张睿婷，宋利贞. 2011. 基于恐怖管理理论的灾后消费行为及群体归属感研究[J]. 中国软科学，（1）：181-192.

吴漪，何佳讯. 2016. 全球品牌资产、品牌真实性与购买可能性的关系研究——基于中国消费者的证据[J]. 营销科学学报，12（2）：14-29.

习近平. 2017. 决胜全面建成小康社会 夺取新时代中国特色社会主义伟大胜利[M]. 北京：人民出版社.

许晖，张海军，冯永春. 2018. 传承还是重塑？本土老字号品牌活化模式与机制研究——基于品牌真实性与价值迁移视角[J]. 管理世界，34（4）：146-161，188.

薛澜，张强，钟开斌. 2003. 危机管理：转型期中国面临的挑战[M]. 北京：清华大学出版社.

颜爱民，李亚丽，谢菊兰，等. 2020. 员工对企业社会责任的差异化反应：基于归因理论的阐释[J]. 心理科学进展，28（6）：1004-1014.

杨静，陈建明，赵红. 2005. 应急管理中的突发事件分类分级研究[J]. 管理评论，17（4）：37-41.

杨蕊蕊. 2018. 物质主义对网络冲动性购买的影响：心理模拟的调节作用[D]. 华中师范大学硕士学位论文.

姚广宜. 2011. 重大突发事件报道中的媒体应对[J]. 中国政法大学学报，14（1）：131-135，160.

叶芝，江明华，李季. 2010. 奢侈品的品牌延伸评价：广告类型、契合度的影响[J]. 经济管理，32（4）：92-101.

于辉，陈剑. 2007. 突发事件下何时启动应急预案[J]. 系统工程理论与实践，（8）：27-32.

袁洁平. 2014. 借势营销底线在哪里？——从马航事件营销引出的话题[J]. 中国广告，（4）：114.

张梦. 2015. 浅析借势营销在广告传播中的应用[J]. 新闻研究导刊，6（16）：228-229.

张睿璇. 2021. 品牌知名、认同及满意度与品牌忠诚相关分析[J]. 中国市场，（31）：7-9，34.

赵文红，邵建春，尉俊东. 2008. 参与度、信任与合作效果的关系——基于中国非营利组织与企业合作的实证分析[J]. 南开管理评论，（3）：51-57.

郑文清. 2012. 营销策略对品牌资产的影响机理研究[D]. 南京林业大学博士学位论文.

中国社会科学院语言研究所词典编辑室. 1986. 现代汉语词典[M]. 北京：商务印书馆.

钟帅，章启宇，李高洁，等. 2021. 企业社会责任行为对品牌情感的作用研究：情感本土化的视角[J]. 南开管理评论，24（5）：213-226.

朱晓辉. 2006. 中国消费者奢侈品消费动机的实证研究[J]. 商业经济与管理，（7）：42-48.

Aaker D A. 1992. The value of brand equity[J]. Journal of Business Strategy，13（4）：27-32.

Aaker D A. 1996. Measuring brand equity across products and markets[J]. California Management Review，38（3）：102-120.

Aaker D A，Keller K L. 1990. Consumer evaluations of brand extensions[J]. Journal of Marketing，54（1）：27-41.

Aggarwal P. 2004. The effects of brand relationship norms on consumer attitudes and behavior[J]. Journal of Consumer Research，31（1）：87-101.

Agnihotri A. 2015. Low-cost innovation in emerging markets[J]. Journal of Strategic Marketing，23（5）：399-411.

Ahluwalia R. 2008. How far can a brand stretch? Understanding the role of self-construal[J]. Journal of Marketing Research，45（3）：337-350.

Ahluwalia R，Unnava H R，Burnkrant R E. 2001. The moderating role of commitment on the spillover effect of marketing communications[J]. Journal of Marketing Research，38（4）：458-470.

Ahuvia A C，Wong N Y. 2002. Personality and values based materialism：their relationship and origins[J]. Journal of Consumer Psychology，12（4）：389-402.

Alba J W，Hutchinson J W. 1987. Dimensions of consumer expertise[J]. Journal of Consumer Research，13（4）：411-454.

Alexander N. 2009. Brand authentication：creating and maintaining brand auras[J]. European Journal of Marketing，43（3/4）：551-562.

Alhabash S，Mundel J，Hussain A. 2017. Social media advertising：unraveling the mystery box[C]//Thorson E，Rodgers S. Digital Advertising：Theory and Research（Advances in Consumer Psychology）. London：Routledge：285-299.

Amaral N B，Loken B. 2016. Viewing usage of counterfeit luxury goods：social identity and social hierarchy effects on dilution and enhancement of genuine luxury brands[J]. Journal of Consumer Psychology, 26 (4): 483-495.

An S, Stern S. 2011. Mitigating the effects of advergames on children[J]. Journal of Advertising, 40 (1): 43-56.

Arndt J, Solomon S, Sheldon K M, et al. 2004. The urge to splurge: a terror management account of materialism and consumer behavior[J]. Journal of Consumer Psychology, 14 (3): 198-212.

Atkinson J W. 1964. An Introduction to Motivation[M]. New York: Litton Educational Publishing.

Babin B J, Darden W R, Griffin M. 1994. Work and/or fun: measuring hedonic and utilitarian shopping value[J]. Journal of Consumer Research, 20 (4): 644-656.

Barbosa S D, Gerhardt M W, Kickul J R. 2007. The role of cognitive style and risk preference on entrepreneurial self-efficacy and entrepreneurial intentions[J]. Journal of Leadership and Organizational Studies, 13 (4): 86-104.

Barcelos R H, Dantas D C, Sénécal S. 2018. Watch your tone: how a brand's tone of voice on social media influences consumer responses[J]. Journal of Interactive Marketing, 41: 60-80.

Barcelos R H, Dantas D C, Sénécal S, et al. 2019. The tone of voice of tourism brands on social media: does it matter?[J]. Tourism Management, 74: 173-189.

Baudrillard J. 1981. For a Critique of the Political Economy of the Sign[M]. St. Louis: Telos Press Publishing.

Bauer M A, Wilkie J E B, Kim J K, et al. 2012. Cuing consumerism: situational materialism undermines personal and social well-being[J]. Psychological Science, 23 (5): 517-523.

Becker-Olsen K L, Cudmore B A, Hill R P. 2006. The impact of perceived corporate social responsibility on consumer behavior[J]. Journal of Business Research, 59 (1): 46-53.

Belk R W. 1985. Materialism: trait aspects of living in the material world[J]. Journal of Consumer Research, 12 (3): 265-280.

Bellezza S, Keinan A. 2014. Brand tourists: how non-core users enhance the brand image by eliciting pride[J]. Journal of Consumer Research, (2): 397-417.

Bendapudi N, Singh S N, Bendapudi V. 1996. Enhancing helping behavior: an integrative framework for promotion planning[J]. Journal of Marketing, 60 (3): 33-49.

Bettman J R, Fitzsimons G J, Cutright K M. 2013. Putting brands in their place: how a lack of control keeps brands contained[J]. Journal of Marketing Research, 50 (3): 365-377.

Beverland M B. 2006. The "real thing": branding authenticity in the luxury wine trade[J]. Journal of Business Research, 59 (2): 251-258.

Beverland M B, Farrelly F J. 2010. The quest for authenticity in consumption: consumers' purposive choice of authentic cues to shape experienced outcomes[J]. Journal of Consumer Research, 36 (5): 838-856.

Boerman S C, Willemson L M, van der Aa E P. 2017. "This post is sponsored" effects of sponsorship disclosure on persuasion knowledge and electronic word of mouth in the context of facebook[J]. Journal of Interactive Marketing, 38: 82-92.

Borah A, Tellis G J. 2016. Halo (spillover) effects in social media: do product recalls of one brand hurt or help rival brands? [J]. Journal of Marketing Research, 53 (2): 143-160.

Boush D M, Friestad M, Rose G M. 1994. Adolescent skepticism toward TV advertising and knowledge of advertiser tactics[J]. Journal of Consumer Research, 21 (1): 165-175.

Broniarczyk S M, Alba J W. 1994. The importance of the brand in brand extension[J]. Journal of Marketing Research, 31 (2): 214-228.

Brown S, Kozinets R V, Sherry J F, Jr.. 2003. Teaching old brands new tricks: retro branding and the revival of brand meaning[J]. Journal of Marketing, 67 (3): 19-33.

Buijzen M, Valkenburg P M. 2003. The effects of television advertising on materialism, parent-child conflict, and unhappiness: a review of research[J]. Journal of Applied Developmental Psychology, 24 (4): 437-456.

Cacioppo J T, Petty R E. 1984. The elaboration likelihood model of persuasion[J]. Advances in Experimental Social Psychology, 19 (4): 123-205.

Cai F Y, Robert S W. 2015. The impact of mortality salience on the relative effectiveness of donation appeals[J]. Journal of Consumer Psychology, 25 (1): 101-112.

Campbell M C. 1995. When attention-getting advertising tactics elicit consumer inferences of manipulative intent: the importance of balancing benefits and investments[J]. Journal of Consumer Psychology, 4 (3): 225-254.

Campbell M C, Keller K L. 2003. Brand familiarity and advertising repetition effects[J]. Journal of Consumer Research, 30 (2): 292-304.

Campbell M C, Kirmani A. 2000. Consumers' use of persuasion knowledge: the effects of accessibility and cognitive capacity on perceptions of an influence agent[J]. Journal of Consumer Research, 27 (1): 69-83.

Campbell M C, Mohr G S, Verlegh P W J. 2013. Can disclosures lead consumers to resist covert persuasion? The important roles of disclosure timing and type of response[J]. Journal of Consumer Psychology, 23 (4): 483-495.

Casey R A. 2003. The effect of brand equity on brand knowledge: an empirical and comparative analysis[D]. Nova Southeastern University.

Chan K, Prendergast G. 2007. Materialism and social comparison among adolescents[J]. Social Behavior & Personality: An International Journal, 35 (2): 213-228.

Chandran S, Menon G. 2004. When a day means more than a year: effects of temporal framing on judgments of health risk[J]. Journal of Consumer Research, 31 (2): 375-389.

Chen Y B, Fay S, Wang Q. 2011. The role of marketing in social media: how online consumer reviews evolve[J]. Journal of Interactive Marketing, 25（2）: 85-94.

Cherry J, Fraedrich J. 2002. Perceived risk, moral philosophy and marketing ethics: mediating influences on sales managers' ethical decision-making[J]. Journal of Business Research, 55（12）: 951-962.

Chevalier J A, Mayzlin D. 2006. The effect of word of mouth on sales: online book reviews[J]. Journal of Marketing Research, 43（3）: 345-354.

Christopher A N, Drummond K, Jones J R, et al. 2006. Beliefs about one's own death, personal insecurity, and materialism[J]. Personality & Individual Differences, 40（3）: 441-451.

Christopher A N, Schlenker B R. 2005. Materialism and affect: the role of self-presentational concerns[J]. Journal of Social & Clinical Psychology, 23（2）: 260-272.

Chu S C. 2011. Viral advertising in social media: participation in Facebook groups and responses among college-aged users[J]. Journal of Interactive Advertising, 12（1）: 30-43.

Cleeren K, van Heerde H J, Dekimpe M G. 2013. Rising from the ashes: how brands and categories can overcome product-harm crises[J]. Journal of Marketing, 77（2）: 58-77.

Cobb-Walgren C J, Ruble C A, Donthu N. 1995. Brand equity, brand preference, and purchase intent[J]. Journal of Advertising, 24（3）: 25-40.

Cornwell T B, Humphreys M S, Maguire A M, et al. 2006. Sponsorship-linked marketing: the role of articulation in memory[J]. Journal of Consumer Research, 33（3）: 312-321.

Cox D F, Rich S U. 1964. Perceived risk and consumer decision-making: the case of telephone shopping[J]. Journal of Marketing Research, 1（4）: 32-39.

Cutright K M. 2012. The beauty of boundaries: when and why we seek structure in consumption[J]. Journal of Consumer Research, 38（5）: 775-790.

Dahlen M, Lange F. 2006. A disaster is contagious: how a brand in crisis affects other brands[J]. Journal of Advertising Research, 46（4）: 388-397.

Dahlen M, Rosengren S. 2016. If advertising won't die, what will it be? Toward a working definition of advertising[J]. Journal of Advertising, 45（3）: 334-345.

Davis M A, Andersen M G, Curtis M B. 2001. Measuring ethical ideology in business ethics: a critical analysis of the ethics position questionnaire[J]. Journal of Business Ethics, 32（1）: 35-53.

de Castro J O, Balkin D B, Shepherd D A. 2008. Can entrepreneurial firms benefit from product piracy? [J]. Journal of Business Venturing, 23（1）: 75-90.

Dean D H. 2003. Consumer perception of corporate donations effects of company reputation for social responsibility and type of donation[J]. Journal of Advertising, 32（4）: 91-102.

Dean D H. 2004. Consumer reaction to negative publicity effects of corporate reputation, response, and responsibility for a crisis event[J]. Journal of Business Communication, 41（2）: 192-211.

Dennis E E. 1991. Media Debates: Issues in Mass Communication[M]. New Yoek: Longman.

Dhar R, Kim E Y. 2007. Seeing the forest or the trees: implications of construal level theory for consumer choice[J]. Journal of Consumer Psychology, 17 (2): 96-100.

Dianne C, Khaled H, Milena H, et al. 2007. The role of social presence in establishing loyalty in e-Service environments[J]. Interacting with Computers, 19 (1): 43-56.

Dijck J V. 2013. The Culture of Connectivity[M]. New York: Oxford University Press.

Dittmar H. 2005. Compulsive buying—a growing concern? An examination of gender, age, and endorsement of materialistic values as predictors[J]. British Journal of Psychology, 96 (4): 467-491.

Dodds W B, Monroe K B, Grewal D. 1991. Effects of price, brand, and store information on buyers' product evaluations[J]. Journal of Marketing Research, 28 (3): 307-319.

Dubinsky A J, Loken B. 1989. Analyzing ethical decision making in marketing[J]. Journal of Business Research, 19 (2): 83-107.

Dziurawiec R S, Ryan L. 2001. Materialism and its relationship to life satisfaction[J]. Social Indicators Research, 55 (2): 185-197.

Eagly A H, Chaiken S. 1993. The Psychology of Attitudes[M]. New York: Harcourt Brace Jovanovich College Publishers.

Eggers F, O'Dwyer M, Kraus S, et al. 2013. The impact of brand authenticity on brand trust and SME growth: a CEO perspective[J]. Journal of World Business, 48 (3): 340-348.

Emmons R A. 2005. Striving for the sacred: personal goals, life meaning, and religion[J]. Journal of Social Issues, 61 (4): 731-745.

Erdem T. 1998. An empirical analysis of umbrella branding[J]. Journal of Marketing Research, 35(3): 339-351.

Ewing D R, Allen C T, Ewing R L. 2012. Authenticity as meaning validation: an empirical investigation of iconic and indexical cues in a context of "green" products[J]. Journal of Consumer Behaviour, 11 (5): 381-390.

Farquhar P H. 1989. Managing brand equity[J]. Marketing Research, 1: 24-33.

Fearn-Banks K. 1996. Crisis Communication: A Casebook Approach[M]. Mahwah Lawrence Erlbaum Associates, Inc.

Fenton-O'creevy M. 1998. Organizational justice and human resource management[J]. British Journal of Industrial Relations, 37 (37): 517-518.

Ferraro R, Shiv B, Bettman J R. 2005. Let us eat and drink, for tomorrow we shall die: effects of mortality salience and self-esteem on self-regulation in consumer choice[J]. Journal of Consumer Research, 32 (1): 65-75.

Ferrell O C, Gresham L G. 1985. A contingency framework for understanding ethical decision making in marketing[J]. Journal of Marketing, 49（3）: 87-96.

Forehand M R, Grier S. 2003. When is honesty the best policy? The effect of stated company intent on consumer skepticism[J]. Journal of Consumer Psychology, 13（3）: 349-356.

Foroudi P. 2019. Influence of brand signature, brand awareness, brand attitude, brand reputation on hotel industry's brand performance[J]. International Journal of Hospitality Management, 76（1）: 271-285.

Forsyth D R. 1980. A taxonomy of ethical ideologies[J]. Journal of Personality and Social Psychology, 39（1）: 175-184.

Friestad M, Wright P. 1994. The persuasion knowledge model: how people cope with persuasion attempts[J]. Journal of Consumer Research, 21（1）: 1-31.

Fujita K, Trope Y, Liberman N, et al. 2006. Construal levels and self-control[J]. Journal of Personality and Social Psychology, 90（3）: 351-367.

Gao F, Faff R, Navissi F. 2012. Corporate philanthropy: insights from the 2008 Wenchuan Earthquake in China[J]. Pacific-Basin Finance Journal, 20（3）: 363-377.

Gentina E, Shrum L J, Lowrey T M. 2018. Coping with loneliness through materialism: strategies matter for adolescent development of unethical behaviors[J]. Journal of Business Ethics, 152（1）: 103-122.

Givon M, Mahajan V, Muller E. 1995. Software piracy: estimation of lost sales and the impact on software diffusion[J]. Journal of Marketing, 59（1）: 29-37.

Godey B, Manthiou A, Pederzoli D, et al. 2016. Social media marketing efforts of luxury brands: influence on brand equity and consumer behavior[J]. Journal of Business Research, 69（12）: 5833-5841.

Grayson K, Martinec R. 2004. Consumer perceptions of iconicity and indexicality and their influence on assessments of authentic market offerings[J]. Journal of Consumer Research, 31（2）: 296-312.

Greenberg J, Pyszczynski T, Solomon S. 1986. The causes and consequences of a need for self-esteem: a terror management theory[C]//Baumeister R F. Public Self and Private Self. New York: Springer: 189-212.

Gretry A, Horvath C, Belei N, et al. 2017. "Don't pretend to be my friend!" When an informal brand communication style backfires on social media[J]. Journal of Business Research, 74: 77-89.

Grewal D, Krishnan R, Baker J, et al. 1998. The effect of store name, brand name and price discounts on consumers' evaluations and purchase intentions[J]. Journal of Retailing, 74（3）: 331-352.

Grewal L, Stephen A T, Coleman N V. 2019. When posting about products on social media backfires: the negative effects of consumer identity signaling on product interest[J]. Journal of Marketing Research, 56（2）: 197-210.

Gundlach H, Neville B. 2012. Authenticity: further theoretical and practical development[J]. Journal of

Brand Management, 19（6）: 484-499.

Ham C D, Nelson M R, Das S. 2015. How to measure persuasion knowledge[J]. International Journal of Advertising, 34（1）: 17-53.

Hannah D B, Setrnthal B. 1984. Detecting and explaining the sleeper effect[J]. Journal of Consumer Research, 11（2）: 632-642.

Hart J, Shaver P R, Goldenberg J L. 2005. Attachment, self-esteem, worldviews, and terror management: evidence for a tripartite security system[J]. Journal of Personality and Social Psychology, 88（6）: 999-1013.

Hayes A F. 2013. An Introduction to Mediation, Moderation, and Conditional Process Analysis: A Regression-Based Approach[M]. New York: The Guilford Press.

He X, Inman J J, Mittal V. 2008. Gender jeopardy in financial risk taking[J]. Journal of Marketing Research, 45（4）: 414-424.

Heider F. 1958. The Psychology of Interpersonal Relation[M]. New York: Penquin Books.

Heslin R, Johnson B T. 1985. Approach to life scales[J]. West Lafayette: Department of Psychological Sciences, Purdue University,（765）: 494-606.

Hoeffler S, Keller K L. 2002. Building brand equity through corporate societal marketing[J]. Journal of Public Policy & Marketing, 21（1）: 78-89.

Holbrook M B, Chaudhuri A. 2001. The chain of effects from brand trust and brand affect to brand performance: the role of brand loyalty[J]. Journal of Marketing, 65（4）: 81-93.

Horvath P, Zuckerman M. 1993. Sensation seeking, risk appraisal, and risky behavior[J]. Personality and Individual Differences, 14（1）: 41-52.

Hoyer W D, Brown S P. 1990. Effects of brand awareness on choice for a common, repeat-purchase product[J]. Journal of Consumer Research, 17（2）: 141-148.

Huang R, Sarigollu E. 2012. How brand awareness relates to market outcome, brand equity and the marketing mix[J]. Journal of Business Research, 65（1）: 92-99.

Huang Z Q, Huang X, Jiang Y W. 2018. The impact of death-related media information on consumer value orientation and scope sensitivity[J]. Journal of Marketing Research, 55（3）: 432-445.

Huang Z Q, Wyer R S, Jr.. 2015. Diverging effects of mortality salience on variety seeking: the different roles of death anxiety and semantic concept activation[J]. Journal of Experimental Social Psychology, 58（1）: 112-123.

Hughes C, Swaminathan V, Brooks G. 2019. Driving brand engagement through online social influencers: an empirical investigation of sponsored blogging campaigns[J]. Journal of Marketing, 83（5）: 78-96.

Hunt S D, Vasquez-Parraga A Z. 1993. Organizational consequences, marketing ethics, and salesforce supervision[J]. Journal of Marketing Research, 30（1）: 78-90.

Hunt S D, Vitell S. 1986. A general theory of marketing ethics[J]. Journal of Macromarketing, 6（1）: 5-16.

Isaac M S, Kent G. 2017. Beyond skepticism: can accessing persuasion knowledge bolster credibility? [J]. Journal of Consumer Research, 43（6）: 895-912.

Iyengar S. 1990. Framing responsibility for political issues: the case of poverty[J]. Political Behavior, 12（1）: 19-40.

Jackson S J, Welles B F. 2015. Hijacking # myNYPD: social media dissent and networked counterpublics[J]. Journal of Communication, 65（6）: 932-952.

Jain S P, Posavac S S. 2004. Valenced comparisons[J]. Journal of Marketing Research, 41: 46-58.

Jami A. 2019. Having control over and above situations: the influence of elevated viewpoints on risk taking[J]. Journal of Marketing Research, 56（2）: 230-244.

Janiszewski C, van Osselaer S M J. 2000. A connectionist model of brand-quality associations[J]. Journal of Marketing Research, 37（3）: 331-350.

Jansen B J, Zhang M, Sobel K, et al. 2009. Twitter power: tweets as electronic word of mouth[J]. Journal of the American Society for Information Science and Technology, 60（11）: 2169-2188.

Johnen M, Schnittka O. 2019. When pushing back is good: the effectiveness of brand responses to social media complaints[J]. Journal of the Academy of Marketing Science, 47（5）: 858-878.

Jones E E, Davis K E. 1966. From acts to dispositions: the attribution process in person perception[J]. Advances in Experimental Social Psychology, 2（4）: 219-266.

Jones T M. 1991. Ethical decision making by individuals in organizations: an issue-contingent model[J]. Academy of Management Review, 16（2）: 366-395.

Justin P. 2019. Masstige model and measure for brand management[J]. European Management Journal, 37（3）: 299-312.

Kachersky L. 2011. Reduce content or raise price? The impact of persuasion knowledge and unit price increase tactics on retailer and product brand attitudes[J]. Journal of Retailing, 87（4）: 479-488.

Kaplan A M, Haenlein M. 2010. Users of the world, unite! The challenges and opportunities of social media[J]. Business Horizons, 53（1）: 59-68.

Kasser T, Ryan R M, Zax M, et al. 1995. The relations of maternal and social environments to late adolescents' materialistic and prosocial values[J]. Developmental Psychology, 31（6）: 907-914.

Kasser T, Sheldon K M. 2000. Of wealth and death: materialism, mortality salience, and consumption behavior[J]. Psychological Science, 11（4）: 348-351.

Kathleen C, Dekimpe M G, Helsen K. 2008. Weathering product-harm crises[J]. Journal of the Academy of Marketing Science, 36（2）: 262-270.

Katz M L, Shapiro C. 1994. Systems competition and network effects[J]. Journal of Economic

Perspectives, 8（2）: 93-115.

Kaufmann C, Weber M, Haisley E. 2013. The role of experience sampling and graphical displays on one's investment risk appetite[J]. Management Science, 59（2）: 323-340.

Kaul A, Wittink D R. 1995. Empirical generalizations about the impact of advertising on price sensitivity and price[J]. Marketing Science, 14（3）: 151-160.

Kay A C, Gaucher D, Napier J L, et al. 2008. God and the government: testing a compensatory control mechanism for the support of external systems[J]. Journal of Personality and Social Psychology, 95（1）: 18-35.

Kelleher T. 2009. Conversational voice, communicated commitment, and public relations outcomes in interactive online communication[J]. Journal of Communication, 59（1）: 172-188.

Kelleher T, Miller B M. 2006. Organizational blogs and the human voice: relational strategies and relational outcomes[J]. Journal of Computer-Mediated Communication, 11（2）: 395-414.

Keller K L. 1993. Conceptualizing, measuring, and managing customer-based brand equity[J]. Journal of Marketing, 57（1）: 1-22.

Keller K L. 2003. Understanding brands, branding and brand equity[J]. Interactive Marketing, 5（1）: 7-20.

Keller K L, Lehmann D R. 2003. How do brands create value? [J]. Marketing Management, 12: 26-31.

Keller K L, Lehmann D R. 2006. Brands and branding: research findings and future priorities[J]. Marketing Science, 25（6）: 740-759.

Kelley H H. 1971. Attribution in Social Interaction[M]. New York: General Learning.

Kelly G A. 1963. A Theory of Personality: The Psychology of Personal Constructs[M]. New York: Norton.

Kickul J, Gundry L K, Barbosa S D, et al. 2009. Intuition versus analysis? Testing differential models of cognitive style on entrepreneurial self-efficacy and the new venture creation process[J]. Entrepreneurship Theory and Practice, 33（2）: 439-453.

Kim H S, Lee S Y. 2015. Testing the buffering and boomerang effects of CSR practices on consumers' perception of a corporation during a crisis[J]. Corporate Reputation Review, 18（4）: 277-293.

Kirmani A, Sood S, Bridges S. 1999. The ownership effect in consumer responses to brand line stretches[J]. Journal of Marketing, 63（1）: 88-101.

Kirmani A, Zhu R. 2007. Vigilant against manipulation: the effect of regulatory focus on the use of persuasion knowledge[J]. Journal of Marketing Research, 44（4）: 688-701.

Kleiser S B, Sivadas E, Kellaris J J, et al. 2003. Ethical ideologies: efficient assessment and influence on ethical judgments of marketing practices[J]. Psychology & Marketing, 20（1）: 1-21.

Knoll J. 2016. Advertising in social media: a review of empirical evidence[J]. International Journal of

Advertising，35（2）：266-300.

Kronrod A，Danziger S. 2013. "Wii will rock you!" The use and effect of figurative language in consumer reviews of hedonic and utilitarian consumption[J]. Journal of Consumer Research，40（4）：726-739.

Kronrod A，Grinstein A，Wathieu L. 2012. Enjoy! Hedonic consumption and compliance with assertive messages[J]. Journal of Consumer Research，39（1）：51-61.

Kruglanski A W.1989. Lay Epistemics and Human Knowledge：Cognitive and Motivational Bases[M]. New York：Plenum Press.

Ku L，Dittmar H，Banerjee R. 2014. To have or to learn? The effects of materialism on British and Chinese children's learning[J]. Journal of Personality & Social Psychology，106（5）：803-821.

Kull T J，Oke A，Dooley K J. 2014. Supplier selection behavior under uncertainty：contextual and cognitive effects on risk perception and choice[J]. Decision Sciences，45（3）：467-505.

Laurent G，Kapferer J N，Roussel F. 1995. The underlying structure of brand awareness scores[J]. Marketing Science，14（3）：170-179.

Lei J，Dawar N，Lemmink J. 2008. Negative spillover in brand portfolios：exploring the antecedents of asymmetric effects[J]. Journal of Marketing，72（3）：111-123.

Leigh B C. 1999. Peril，chance，and adventure：concepts of risk，alcohol use and risky behavior in young adults[J]. Addiction，94（3）：371-383.

Leigh T W，Peters C，Shelton J. 2006. The consumer quest for authenticity：the multiplicity of meanings within the MG subculture of consumption[J]. Journal of the Academy of Marketing Science，34（4）：481-493.

Lerner J S，Keltner D. 2001. Fear，anger，and risk[J]. Journal of Personality and Social Psychology，81（1）：146-159.

Li C，Bernoff J. 2008. Groundswell：Winning in a World Transformed by Social Technologies[M]. Boston：Harvard University Press.

Liberman N，Sagristano M D，Trope Y. 2002. The effect of temporal distance on level of mental construal[J]. Journal of Experimental Social Psychology，38（6）：523-534.

Liberman N，Trope Y. 1998. The role of feasibility and desirability considerations in near and distant future decisions：a test of temporal construal theory[J]. Journal of Personality and Social Psychology，75（1）：5-18.

Liberman N，Trope Y，Wakslak C. 2007. Construal level theory and consumer behavior[J]. Journal of Consumer Psychology，17（2）：113-117.

Liu J，Smeesters D. 2010. Have you seen the news today? The effect of death-related media contexts on brand preferences[J]. Journal of Marketing Research，47（2）：251-262.

Liu T. 2013. The impact of social networking usage on consumer buying behavior of college students in China[Z]. Paper presented at the International Conference on Advances in Social Science, Humanities, and Management（ASSHM 2013）. New York：Atlantis Press：880-884.

Liu Y H, Jang S C. 2009. Perceptions of Chinese restaurants in the U.S.：what affects customer satisfaction and behavioral intentions? [J]. International Journal of Hospitality Management, 28（3）：338-348.

Logsdon J M, Thompson J K, Reid R A. 1994. Software piracy：is it related to level of moral judgment? [J]. Journal of Business Ethics, 13（11）：849-857.

Loken B, John D R. 1993. Diluting brand beliefs：when do brand extensions have a negative impact[J]. Journal of Marketing, 57（3）：71-84.

Lu A C C, Gursoy D, Lu C Y. 2015. Authenticity perceptions, brand equity and brand choice intention：the case of ethnic restaurants[J]. International Journal of Hospitality Management, 50：36-45.

Mandel N, Smeesters D. 2008. The sweet escape：effects of mortality salience on consumption quantities for high- and low-self-esteem consumers[J]. Journal of Consumer Research, 35（2）：309-323.

Mangold W G, Faulds D J. 2009. Social media：the new hybrid element of the promotion mix[J]. Business Horizons, 52（4）：357-365.

Mcferran B, Aquino K, Tracy J L. 2014. Evidence for two facets of pride in consumption：findings from luxury brands[J]. Journal of Consumer Psychology, 24（4）：455-471.

Mellott D W, Jr.. 1983. Fundamentals of Consumer Behavior[M]. Tulsa：PennWell.

Mikulincer M, Florian V, Hirschberger G. 2003. The existential function of close relationships：introducing death into the science of love[J]. Personality & Social Psychology, 7（1）：20.

Milberg S J, Sinn F, Goodstein R C. 2010. Consumer reactions to brand extensions in a competitive context：does fit still matter[J]. Journal of Consumer Research, 37（3）：543-553.

Mischel W. 1979. On the interface of cognition and personality：beyond the person-situation debate[J]. American Psychologist, 34（9）：740-754.

Mittal S, Kapitan S, Silvera D H. 2019. Go big or go home：risk seeking for experiential choices[J]. Journal of Consumer Behavior, 18（2）：97-108.

Mittal V, Ross W T, Jr.. 1998. The impact of positive and negative affect and issue framing on issue interpretation and risk taking[J]. Organizational Behavior and Human Decision Processes, 76（3）：298-324.

Mohr L A, Webb D J, Harris K E. 2001. Do consumers expect companies to be socially responsible? The impact of corporate social responsibility on buying behavior[J]. Journal of Consumer Affairs, 35（1）：45-72.

Monga A B, John D R. 2010. What makes brands elastic? The influence of brand concept and styles of thinking on brand extension evaluation[J]. Journal of Marketing, 74（3）: 80-92.

Moores T T, Dhillon G. 2000. Software piracy: a view from Hong Kong[J]. Communications of the ACM, 43（12）: 88-93.

Moran B, Kwak L E. 2015. Effect of stress, materialism and external stimuli on online impulse buying[J]. Journal of Research for Consumers, 27: 26-51.

Moran K. 2016-06-17. The four dimensions of tone of voice. Nielsen norman group[EB/OL]. https://www.nngroup.com/articles/tone-of-voice-dimensions/.

Morhart F, Mal R L, Guèvremont A, et al. 2015. Brand authenticity: an integrative framework and measurement scale[J]. Journal of Consumer Psychology, 25（2）: 200-218.

Moskowitz G B. 1993. Individual differences in social categorization: the influence of personal need for structure on spontaneous trait inferences[J]. Journal of Personality and Social Psychology, 65（1）: 132-142.

Muncy J A, Vitell S J. 1992. Consumer ethics: an investigation of the ethical beliefs of the final consumer[J]. Journal of Business Research, 24（4）: 297-311.

Napoli J, Dickinson S J, Beverland M B, et al. 2014. Measuring consumer-based brand authenticity[J]. Journal of Business Research, 67（6）: 1090-1098.

Nelson M R, Ham C D. 2012. The Reflected Game: How Target and Agent Persuasion Knowledge Influence Advertising Persuasion[M]. New York: Routledge.

Neuberg S L, Newsom J T. 1993. Personal need for structure: individual differences in the desire for simple structure[J]. Journal of Personality and Social Psychology, 65（1）: 113-131.

Newman G E, Dhar R. 2014. Authenticity is contagious: brand essence and the original source of production[J]. Journal of Marketing Research, 51（3）: 371-386.

Nickerson C, Schwarz N, Diener E, et al. 2003. Zeroing in on the dark side of the American Dream: a closer look at the negative consequences of the goal for financial success[J]. Psychological Success, 14（6）: 531-536.

Noort G V, Willemsen L M. 2012. Online damage control: the effects of proactive versus reactive webcare interventions in consumer-generated and brand-generated platforms[J]. Journal of Interactive Marketing, 26（3）: 131-140.

Nussbaum S, Trope Y, Liberman N. 2003. Creeping dispositionism: the temporal dynamics of behavior prediction[J]. Journal of Personality and Social Psychology, 84（3）: 485-497.

Oakley J L, Balachander S, Duhachek A, et al. 2008. Order of entry and the moderating role of comparison brands in brand extension evaluation[J]. Journal of Consumer Research, 34（5）: 706-712.

Obermiller C, Spangenberg E R. 1998. Development of a scale to measure consumer skepticism toward advertising[J]. Journal of Consumer Psychology, 7（2）: 159-186.

Park C W, Milberg S, Lawson R. 1991. Evaluation of brand extensions: the role of product feature similarity and brand concept consistency[J]. Journal of Consumer Research, 18 (2): 185-193.

Park H, Cameron G T. 2014. Keeping it real: exploring the roles of conversational human voice and source credibility in crisis communication via blogs[J]. Journalism & Mass Communication Quarterly, 91 (3): 487-507.

Park H, Lee H. 2013. Show us you are real: the effect of human-versus-organizational presence on online relationship building through social networking sites[J]. Cyberpsychology, Behavior, and Social Networking, 16 (4): 265-271.

Petty R E, Cacioppo J T. 1977. Forewarning, cognitive responding, and resistance to persuasion[J]. Journal of Personality & Social Psychology, 35 (9): 645-655.

Posen H E, Lee J, Yi S. 2013. The power of imperfect imitation[J]. Strategic Management Journal, 34 (2): 149-164.

Posen H E, Martignoni D. 2018. Revisiting the imitation assumption: why imitation may increase, rather than decrease, performance heterogeneity[J]. Strategic Management Journal, 39 (5): 1350-1369.

Pyszczynski T, Greenberg J, Solomon S. 1999. A dual-process model of defense against conscious and unconscious death-related thoughts: an extension of terror management theory[J]. Psychological Review, 106 (4): 835-845.

Rajagopal A. 2020. Analysing brand awareness as a driver for determining brand value: a study in telecommunications service marketing[J]. International Journal of Services and Operations Management, 37 (2): 241.

Richins M L. 2004. The material values scale: measurement properties and development of a short form[J]. Journal of Consumer Research, 31 (1): 209-219.

Richins M L, Chaplin L N. 2015. Material parenting: how the use of goods in parenting fosters materialism in the next generation[J]. Journal of Consumer Research, 41 (6): 1333-1357.

Richins M L, Dawson S. 1992. A consumer values orientation for materialism and its measurement: scale development and validation[J]. Journal of Consumer Research, 19 (3): 303-316.

Rindfleisch A, Burroughs J E, Denton F. 1997. Family structure, materialism, and compulsive consumption[J]. Journal of Consumer Research, 23 (4): 312-325.

Rindfleisch A, Burroughs J E, Wong N. 2009. The safety of objects: materialism, existential insecurity, and brand connection[J]. Journal of Consumer Research, 36 (1): 1-16.

Roberts J A, Clement A. 2007. Materialism and satisfaction with over-all quality of life and eight life domains[J]. Social Indicators Research, 82 (1): 79-92.

Roehm M L, Tybout A M. 2006. When will a brand scandal spill over, and how should competitors respond? [J]. Journal of Marketing Research, 43 (3): 366-373.

Ronald A R, O'Regan J K, James J C. 2006. To see or not to see: the need for attention to perceive changes in scenes[J]. Psychological Science, 8（5）: 368-373.

Rossiter J R. 1977. Reliability of a short test measuring children's attitudes towards TV commercials[J]. Journal of Consumer Research, 3（4）: 179-184.

Schaefer A D, Hermans C M, Parker R S. 2004. A cross-cultural exploration of materialism in adolescents[J]. International Journal of Consumer Studies, 28（4）: 399-411.

Schaller M, Boyd C, Yohannes J, et al. 1995. The prejudiced personality revisited[J]. Journal of Personality and Social Psychology, 68（3）: 544-555.

Sela A, Wheeler S C, Sarial-Abi G. 2012. We are not the same as you and I: causal effects of minor language variations on consumers' attitudes toward brands[J]. Journal of Consumer Research, 39（3）: 644-661.

Sen S, Lerman D. 2007. Why are you telling me this? An examination into negative consumer reviews on the web[J]. Journal of Interactive Marketing, 21（4）: 76-94.

Shang R A, Chen Y C, Chen P C. 2008. Ethical decisions about sharing music files in the P2P environment[J]. Journal of Business Ethics, 80（2）: 349-365.

Shrum L J, Wong N, Arif F, et al. 2013. Reconceptualizing materialism as identity goal pursuits: functions, processes, and consequences[J]. Journal of Business Research, 66（8）: 1179-1185.

Silk A J, Urban G L. 1978. Pre-test market evaluation of new packaged goods: a model and measurement methodology[J]. Journal of Marketing Research, 15（2）: 171-191.

Simpson P M, Banerjee D, Simpson C L. 1994. Softlifting: a model of motivating factors[J]. Journal of Business Ethics, 13（6）: 431-438.

Siomkos G J, Kurzbard G. 1994. The hidden crisis in product-harm crisis management[J]. European Journal of Marketing, 28（2）: 30-41.

Siomkos G J, Shrivastava P. 1993. Responding to product liability crises[J]. Long Range Planning, 26（5）: 72-79.

Siomkos G J, Triantafillidou A, Vassilikopoulou A, et al. 2010. Opportunities and threats for competitors in product-harm crises[J]. Marketing Intelligence & Planning, 28（6）: 770-791.

Sirgy M J. 1998. Materialism and quality of life[J]. Social Indicators Research, 43（3）: 227-260.

Skurnik I, Yoon C, Park D C, et al. 2005. How warnings about false claims become recommendations[J]. Journal of Consumer Research, 31（4）: 713-724.

Smit E, Bronner F, Tolboom M. 2007. Brand relationship quality and its value for personal contact[J]. Journal of Business Research, 60（6）: 627-633.

Smith D C, Park C W. 1992. The effects of brand extensions on market share and advertising efficiency[J]. Journal of Marketing Research, 29（3）: 296-313.

Solis B. 2011. Engage! The Complete Guide for Brands and Businesses to Build, Cultivate, and

Measure Success in the New Web[M]. New York：Wiley.

Sparks P，Shepherd R. 2002. The role of moral judgments within expectancy-value-based attitude-behavior models[J]. Ethics & Behavior，12（4）：299-321.

Spiggle S，Nguyen H T，Caravella M. 2012. More than fit：brand extension authenticity[J]. Journal of Marketing Research，49（6）：967-983.

Spiller S A，Fitzsimons G J，Lynch G J，J G.. 2013. Spotlights，floodlights，and the magic number zero：simple effects tests in moderated regression[J]. Journal of Marketing Research，50（2）：277-288.

Statista. 2023. Most popular social networks worldwide as of October 2023，ranked by number of monthly active users[EB/OL]. https://www.statista.com/statistics/272014/global-social-networks-ranked-by-number-of-users/.

Steinmann S，Mau G，Schramm-Klein H. 2015. Brand communication success in online consumption communities：an experimental analysis of the effects of communication style and brand pictorial representation[J]. Psychology & Marketing，32（3）：356-371.

Stephen A T，Galak J. 2012. The effects of traditional and social earned media on sales：a study of a microlending marketplace[J]. Journal of Marketing Research，49（5）：624-639.

Suresh G，Jaggi B，Lin B. 2004. Market overreaction to product recall revisited—the case of firestone tires and the ford explorer[J]. Review of Quantitative Finance and Accounting，23（1）：31-54.

Swanson D L. 1995. Address a theoretical problem by reorienting the corporate social performance model[J]. Academy of Management Review，（8）：90-96.

Sweetser K D，Metzgar E. 2007. Communicating during crisis：use of blogs as a relationship management tool[J]. Public Relations Reviews，33（3）：340-342.

Tauber E M. 1981. Brand franchise extension：new product benefits from existing brand names[J]. Business Horizons，24（2）：36-41.

Thong J Y L，Yap C S. 1998. Testing an ethical decision-making theory：the case of softlifting[J]. Journal of Management Information Systems，15（1）：213-237.

Tirunillai S，Tellis G J. 2012. Does chatter really matter? Dynamics of user generated-content on stock market performance[J]. Marketing Science，31（2）：198-215.

Trevino L K. 1986. Ethical decision making in organizations：a person-situation interactionist model[J]. Academy of Management Review，11（3）：601-617.

Trilling L. 1972. Sincerity and Authenticity[M]. Cambridge：Harvard University Press.

Trope Y. 2004. Theory in social psychology：seeing the forest and the trees[J]. Personality and Social Psychology Review，8（2）：193-200.

Trope Y，Liberman N. 2003. Temporal construal[J]. Psychological Review，110（3）：403-421.

Trope Y，Liberman N. 2010. Construal-level theory of psychological distance[J]. Psychological

Review，117（2）：440-463.

Tse E，Ma K，Huang Y. 2009. Shan Zhai: a Chinese phenomenon[J]. Booz & Company,（9）: 68-112.

Tutaj K，van Reijmersdal E A. 2012. Effects of online advertising format and persuasion knowledge on audience reactions[J]. Journal of Marketing Communications，18（1）：5-18.

Tversky A，Kahneman D. 1979. Prospect theory: an analysis of decision under risk[J]. Econometrica, 47（2）：263-291.

Tversky A，Kahneman D. 1981. The framing of decisions and the psychology of choice[J]. Science, 211（4481）：453-458.

van Heerde H，Helsen K，Dekimpe M G. 2007. The impact of a product-harm crisis on marketing effectiveness[J]. Marketing Science，26（2）：230-245.

Verhagen T，Nes J V，Feldberg F，et al. 2014. Virtual customer service agents: using social presence and personalization to shape online service encounters[J]. Journal of Computer-Mediated Communication，19（3）：529-545.

Vigneron F，Johnson L W. 1999. A review and a conceptual framework of prestige-seeking consumer behavior[J]. Academy of Marketing Science Review，1（1）：1-15.

Vitell S J，Muncy J A. 1992. Consumer ethics: an empirical investigation of factors influencing ethical judgments of the final consumer[J]. Journal of Business Ethics，11（8）：585-597.

Vitell S J，Singhapakdi A，Thomas J. 2001. Consumer ethics: an application and empirical testing of the Hunt-Vitell theory of ethics[J]. Journal of Consumer Marketing，18（2）：153-178.

Vock M. 2022. Luxurious and responsible? Consumer perceptions of corporate social responsibility efforts by luxury versus mass-market brands[J]. Journal of Brand Management，66（10）：1896-1903.

Voelckner F，Sattler H. 2006. Drivers of brand extension success[J]. Journal of Marketing，70（2）：18-34.

Voorveld H A M，van Noort G，Muntinga D G，et al. 2018. Engagement with social media and social media advertising: the differentiating role of platform type[J]. Journal of Advertising，47（1）：38-54.

Voss K E，Spangenberg E R，Grohmann B. 2003. Measuring the hedonic and utilitarian dimensions of consumer attitude[J]. Journal of Marketing Research，40（3）：310-320.

Wakslak C J，Nussbaum S，Liberman N，et al. 2008. Representations of the self in the near and distant future[J]. Journal of Personality and Social Psychology，95（4）：757-773.

Wakslak C J，Trope Y，Liberman N，et al. 2006. Seeing the forest when entry is unlikely: probability and the mental representation of events[J]. Journal of Experimental Psychology General，135（4）：641-653.

Wang N. 1999. Rethinking authenticity in tourism experience[J]. Annals of Tourism Research，

26（2）：349-370.

Ward S，Wackman D.1971. Family and media influences on adolescent consumer learning[J]. American Behavioral Scientist，14（3）：415-427.

Weber E U，Johnson E J，Milch K F，et al. 2007. Asymmetric discounting in intertemporal choice: a query-theory account[J]. Psychological Science，18（6）：516-523.

Wei M，Fischer E，Main K J. 2008. An examination of the effects of activating persuasion knowledge on consumer response to brands engaging in covert marketing[J]. Journal of Public Policy and Marketing，27（1）：34-44.

Weiner B，Perry R P，Magnusson J. 1988. An attributional analysis of reactions to stigmas[J]. Journal of Personality & Social Psychology，55（5）：738-748.

Wentzel D，Tomczak T，Herrmann A. 2010. The moderating effect of manipulative intent and cognitive resources on the evaluation of narrative ads[J]. Psychology and Marketing，27（5）：510-530.

Wierzbicki J，Zawadzka A M. 2016. The effects of the activation of money and credit card vs. that of activation of spirituality—which one prompts pro-social behaviours?［J］. Current Psychology，35：344-353.

Wilson A E，Giebelhausen M D，Brady M K. 2017. Negative word of mouth can be a positive for consumers connected to the brand[J]. Journal of the Academy of Marketing Science，45（4）：534-547.

Wojdynski B W，Evans N J. 2016. Going native: effects of disclosure position and language on the recognition and evaluation of online native advertising[J]. Journal of Advertising，45（2）：157-168.

Wong N Y，Bagozzi R P. 2005. Emotional intensity as a function of psychological distance and cultural orientation[J]. Journal of Business Research，58（4）：533-542.

Xifra J，Huertas A. 2008. Blogging PR: an exploratory analysis of public relations weblogs[J]. Public Relations Review，34（3）：269-275.

Yan D F，Sengupta J. 2013. The influence of base rate and case information on health-risk perceptions: a unified model of self-positivity and self-negativity[J]. Journal of Consumer Research，39（5）：931-946.

Yoo B，Donthu N，Lee S. 2000. An examination of selected marketing mix elements and brand equity[J]. Journal of the Academy of Marketing Science，28（2）：195-211.

Zaleskiewicz T，Gasiorowska A，Kesebir P，et al. 2013. Money and the fear of death: the symbolic power of money as an existential anxiety buffer[J]. Journal of Economic Psychology，36：55-67.

Zhao Y，Zhao Y，Helsen K. 2011. Consumer learning in a turbulent market environment: modeling consumer choice dynamics after a product-harm crisis[J]. Journal of Marketing Research，48（2）：

255-267.

Zhu Y Q，Chen H G. 2015. Social media and human need satisfaction：implications for social media marketing[J]. Business Horizons，58（3）：335-345.

Zuckerman M，Eysenck S B，Eysenck H J. 1978. Sensation seeking in England and America：cross-cultural，age，and sex comparisons[J]. Journal of Consulting and Clinical Psychology，46（1）：139-149.